# PHILOSOPHIZING
# WITH ZHUANGZI II

# 与庄子哲游
# ❷

[法]奥斯卡·柏尼菲（Oscar Brenifier）
[俄罗斯]维多利亚·契尔年科（Viktoria Chernenko） ◎著
奥斯卡哲学翻译组 ◎译

## 图书在版编目（CIP）数据

与庄子哲游.2/(法)奥斯卡·柏尼菲,(俄罗斯)维多利亚·契尔年科著；奥斯卡哲学翻译组译.--2版.--北京：华夏出版社有限公司,2023.10

书名原文：Philosophizing with Zhuangzi 2

ISBN 978-7-5222-0525-0

Ⅰ.①与… Ⅱ.①奥… ②维… ③奥… Ⅲ.①庄周（约前369-前286）—哲学思想—研究 Ⅳ.① B223.55

中国国家版本馆CIP数据核字（2023）第110409号

Philosophizing with Zhuangzi Ⅱ
Copyright© 2019 by Oscar Brenifier, Viktoria Chernenko
All rights reserved.

**版权所有，翻印必究。**
北京市版权局著作权合同登记号：图字01-2023-2904号

## 与庄子哲游.2

| 作 者 | [法]奥斯卡·柏尼菲 [俄罗斯]维多利亚·契尔年科 |
|---|---|
| 译 者 | 奥斯卡哲学翻译组 |
| **策划编辑** | 刘 洋 卢莎莎 |
| **责任编辑** | 陈志娇 卢莎莎 |
| **责任印制** | 刘 洋 |
| 出版发行 | 华夏出版社有限公司 |
| 经 销 | 新华书店 |
| 印 刷 | 三河市万龙印装有限公司 |
| 装 订 | 三河市万龙印装有限公司 |
| 版 次 | 2023年10月北京第1版　2023年10月北京第1次印刷 |
| 开 本 | 787×1092　1/32开 |
| 印 张 | 9.875 |
| 字 数 | 150千字 |
| 定 价 | 62.80元 |

**华夏出版社有限公司** 网址：www.hxph.com.cn 电话：（010）64663331（转）
地址：北京市东直门外香河园北里4号 邮编：100028
若发现本版图书有印装质量问题，请与我社营销中心联系调换。

# 关于作者

**奥斯卡·柏尼菲 Oscar Brenifier**

哲学博士、培训师、哲学顾问,多年来在法国和其他国家从事"哲学应用"研究,包括应用和理论研究。他是"城市哲学"运动的主要推动者之一:参与哲学咖啡馆活动(一种在咖啡馆或其他公共场所组织的对所有人开放的哲学讨论),举办儿童和成人哲学工作坊,举办商业团体和组织机构研讨会。他在这一领域出版了许多书,包括《与庄子哲游》《哲学实践的艺术》《儿童哲学智慧书》(*PhiloZenfants*),已被翻译成三十多种语言。他是法国应用哲学院(Institute of Philosophical Practices,简称 IPP)的联合创始人,任主席一职。他也是联合国教科文组织报告《哲学,自由的学校》(*Philosophy, A school of freedom*)的作者之一。

www.brenifier.com

**维多利亚·契尔年科 Viktoria Chernenko**

文史心理学硕士，巴黎新索邦大学哲学博士生。2010年至今，在超过25个国家开展哲学实践，进行个人哲学咨询，举办儿童和成人哲学工作坊。多年来，她在商业组织中担任顾问，致力于论证评估系统，也是教育部门教学能力评估方面的专家。她是多个哲学实践团体和个人项目的联合创始人，哲学咨询硕士项目教授，小学生批判性思维项目的创建者。2015年，她创立了"哲学思辨小组"，这是一个在世界各地推广哲学实践的组织。

https：//www.facebook.com/viktoria.chernenko.7

## 奥斯卡哲学翻译组成员简介

周小鹿：内容创业者，中国传统文化学习、践行者，《与庄子哲游》及本书译者之一。

岸　青：全职妈妈，学习并实践应用哲学，兼职做儿童写作教育和翻译，《大博弈：英俄帝国中亚争霸战》《与庄子哲游》及本书译者之一。

吴若姝：教育观察者，独立撰稿人，文化品牌创始人，《为生活重塑教育：中国的教育创新》丛书作者之一，《与庄子哲游》及本书译者之一。

范雪麒：香港中文大学在读哲学博士，研究中西方比较哲学，东西方智慧践行者，本书译者之一。

李杭杭：中山大学国际金融学院本科、硕士，法国应用哲学院认证哲学咨询师，对哲学应用的本土化及中国古典哲学有浓厚兴趣，本书校译之一及校译统筹。

彭凡颖：蒂米什瓦拉西部大学哲学咨询硕士，法国应用哲学院认证哲学咨询师，热爱探索和推广中西方哲学应用，本书校译之一及翻译统筹。

# 作者致谢

我们感谢褚士莹、彭凡颖、阮岚青在本书写作过程中所做的翻译工作以及他们对中国文化所进行的注解；一并感谢桑德林·泰维奈、奥黛丽·格斯、玛丽亚·沃罗蒂娜共同合作提出相关的哲学思考问题；感谢桑德林·泰维奈、克里斯托夫·贝尔廷为本书制作插图，拉里萨·库里吉纳为英文版设计版面。

## 译者致谢

在校译过程中我们邀请了一些哲学咖啡馆的参与者试读译稿,部分读者给出了有价值的反馈和评论,译者仔细考量了他们提出的每一个问题和建议,并进一步与作者核实,有的建议被采纳进了译稿,我们在此一并感谢这些读者:

第一章　宋晋芳、孙融冰、张宝龙、肖清扬

第二章　宋晋芳、丁桂桂、夏蝉、吴刚

第三章　孙融冰、林籽、王威扬、吴黛菁、张雅婷

第四章　龚雅彬、卞涛、王宇晓、李昂、章萍、洪伟、栖止

第五章　郑玮、吕薇薇、栖止、吴黛菁

第六章　肖清扬、Channen

## 致读者

亲爱的读者朋友,您好,当您翻开这本《与庄子哲游2》的时候,它经历了作者、译者、编辑等的通力合作。在翻译过程中,我们就不同主题进行过多轮讨论,其中一种常见的讨论是,是否要添加译者的注释?在试读阶段也有试读者提出来,最好在某处添加注释。一方面,原作有一些哲学术语,如果缺乏相关的背景,读者可能在阅读时会产生困惑;但另一方面,作为一本哲学普及读物,作者书写的时候,常常会联系上下文的脉络,或展开解读。术语并非孤立存在,只要稍加琢磨和思考,读者便可以理解前后语境和文中要义。两位作者常年邀请没有哲学专业背景的人们通过对话体验思考之美和思考之自由,他们认为过度为读者做注释会剥夺个人探索、阅读和思考的乐趣,反对译者想要做"母亲"的倾向。因此,每当讨论到是否需要为某个词汇添加注释的时候,最终的结论常常是:这不是必要的注释。我们相信读者思考的能力。因此,如果您认为某处无法理解，不妨放慢步伐，慢慢体悟庄子之美、思考之美。

我们将重要的中英对照词汇放在书后，欢迎您对照查阅。有一些词汇在不同章节中都有出现，译者们选择了更适合该章讨论语境的翻译。

如果您对和作者进行互动与讨论感兴趣，或者对于翻译有其他的建议，欢迎您加入哲学咖啡馆的讨论，具体请联系李杭杭 18664820524。

# 目 录

推荐序一　与奥斯卡一起做哲学思考　/ 001
推荐序二　为什么我找不到牛屁股？　/ 001
与庄子哲游　/ 001
引言　中国的庄子　/ 001
罗伯特·恩诺对庄子的介绍　/ 001

## 第一章　庖丁解牛　/ 001

1. 知识与实践　/ 005
2. 意图　/ 016
3. 法则　/ 021
4. 习得性无知　/ 025

深入和延展的问题　/ 036

## 第二章　鱼之乐　/ 039

1. 相对主义　/ 043
2. 视角主义　/ 051
3. 遨游　/ 062

4. 莫若以明 / 067

深入和延展的问题 / 077

## 第三章　庄周梦蝶 / 079

1. 身份 / 083

2. 嵌套 / 091

3. 物化 / 099

4. 召唤 / 105

5. 大觉 / 118

深入和延展的问题 / 125

## 第四章　达生 / 127

1. 经验的自我 / 131

2. 超验的自我 / 138

3. 中道 / 157

4. 有限性 / 176

深入和延展的问题 / 184

## 第五章　相遇 / 187

1. 专注 / 192

2. 质朴 / 196

3. 高效 / 201

4. 孝顺 / 213

深入和延展的问题 / 220

## 第六章　口中有珠 / 223

1. 死者和生者 / 227

2. 仪式 / 229

3. 伪善 / 238

4. 道德 / 244

深入和延展的问题 / 249

## 中英对照词汇表 / 251

推荐序一
与奥斯卡一起做哲学思考

## 初遇奥斯卡

我跟奥斯卡是老朋友了。2013年3月,奥斯卡应邀到南京大学哲学系进行了为期一周的访问,期间组织了多场研讨会与工作坊,我在那时候负责他的接待和翻译,所以跟他有了进一步的接触与交流。我本人对哲学践行的很多理解和看法也受到他的影响。

初次相遇,他便给我留下了这个人"不好惹"的印象,有些参与者甚至会有被冒犯的感觉。在刚接触哲学践行时,我就自己开始带领一些团体性的活动。我发现,如果你想要引导一个真正意义上的苏格拉底式对话,其实是需要像苏格拉底那样敢于去冒犯别人的。就我自己的"老好人"个性而言,我是不太习惯于去主动冒犯别人或者让别人难堪的,我会觉得很不好意思。

但是，奥斯卡就是比较典型的苏格拉底式人物。他也被称作"当代苏格拉底"，经常会不留情面地直接对某个人进行批判，揭露对方认知上的偏见、逻辑上的矛盾，或者指出对方在态度上存在的问题，比如可能有所隐瞒、不够真诚、比较顽固，或者在团体对话的过程当中没有认真听取别人的发言、没有认真进行思考，等等。这个时候，有些参与者可能就接受不了，觉得被冒犯了。

奥斯卡说没有人喜欢这种"被冒犯感"，但是在西方文化里，人们似乎相对更容易接受，而在东方文化里，他发现，不管是他在日韩国家还是在中国遇到的，人们都更容易感觉到被冒犯，在面子上也更可能接受不了。这也导致当时不管奥斯卡是在南京大学，还是在南京的一些中小学举办哲学工作坊的时候，都会有人对他表示抗拒，想要退出活动，甚至当时有高中生想要轰走奥斯卡。

我当时就感觉非常懵，不知道该怎么办。但是奥斯卡本人好像还挺看得开的，非常镇定，这不是他第一次被人轰赶。他觉得这是他作为一个哲学家、一个当代苏格拉底所必须付出的代价，不过可能也是他引以为荣的。他自己也知道，人们都喜欢听好话，都想要得到夸赞，但真正的哲学家当然不会去刻意奉承、讨好别人。奥斯卡在哲学践行的过程中有时候看上去比较有攻击性，这就导致有些人不喜欢他。

后来，当我在法国参加他的工作坊的时候，发现虽然他在哲学践行的过程中不太会顾及人们的情绪，但是在活动结束之后的私下交流里，他可能又会询问你感受如何，有没有感觉被冒犯，等等；然后他会解释，为什么他当时会那样说或者那样做。所以，其实他还是想要避免对参与者造成情感上的冲击或者认知上的困扰的，并且也愿意在活动之后解答你的一些问题。我觉得可能他在哲学践行活动的过程之中和之后是有一定的角色区分的：在活动过程之中他就把自己当成苏格拉底，非常讲逻辑、有理性；但是在活动结束之后，他也会关心你的情绪，给你提供一些相关解释，并且在必要的时候给予一些相关辅导等。

于我自己而言，哲学践行还是应该尽量避免令来访者感到被冒犯。一旦在哲学家和来访者之间产生对立，来访者在内心就不会信任、配合哲学家，也不想再多交流，这是非常不利的。所以，如何在不可避免地"冒犯"来访者的同时，又能给予他们关怀，不至于引发过度的无意义冒犯，这中间的平衡与张力是需要好好把握的。奥斯卡在这方面非常有经验，我自己也一直在摸索当中。

## 拉夏贝尔的夏天

2013年8月3日，我和师姐龚艳去法国参加了由奥斯卡主办的"第八届哲学践行国际夏季研讨会"。每年的夏天和冬天，拉夏贝尔（La Chapelle）这个小村子都会迎来来自世界各地的大约40位哲学践行者，大家聚集在此进行哲学践行活动。拉夏贝尔是一个十分宁静、舒适的乡村，夜晚的星空特别美，住在这里的人很多也是平常在城里上班、假期再过来度假的，他们对我们都十分友好。由于我们不会法语，他们的英文也不是很好，所以我们无法进行深入的交流，但当他们热情地为我们送上一杯咖啡时，就足以弥合陌生人之间的心理距离了。

参加那次研讨会的人职业各异，有少数像我们这样的学生，也有大学教授、研究所工作人员、小学老师，还有企业管理人员、咨询师等。直到会议结束，我还没有搞清楚其中部分参会者的职业。许多参会者已经连续多年来到这里了，他们大多数并没有哲学背景，但都热衷于哲学对话，对思考充满了热情，哲学之于他们有着非常强大的吸引力，这与我之前在学校里的体验不太一样。在为期一周的时间里，我们要参与不同主题和形式的工作坊，有些已经熟练掌握了一定践行技巧的人还会自行组织工作坊，其他参会者则会在工作坊结束后对主持者的表现进行分析和评价。

尽管会议安排很紧凑，连续几个小时的高度思想集中常常让人有脑子被掏空了的感觉，身体的负荷感也比较强，但是我们每天都能品尝到美味的食物和葡萄酒，在中午休息的时间里还可以到村子的小树林里散步，也有参会者带领我们练瑜伽、打太极、冥想打坐。我们还玩了经典的法式长滚球（Petanque）游戏，游览了在中世纪具有重要影响力的韦兹莱大教堂（Basilique Sainte-Marie-Madeleine de Vezelay），在附近品尝到了含有花瓣的冰激凌。一切都显得十分美好。

当然我们也不是光去旅游的，哲学上的收获也是十分丰富的。这个研讨会并不要求参会者先前接受过哲学训练，这里可以成为他们哲学践行事业的开端或者深化。做哲学思考（to philosophize）的目的不是仅仅知道某些哲学观点或者哲学理论，而是学会如何进行思考以及反思。真正的哲学家并不是那个知道得最多的人，而是如苏格拉底那般"自知其无知"的人。

在一个工作坊中，我们需要关注、处理的是参与者的态度和能力这两个方面，这样我们的对话才能在实际上达到哲学化。奥斯卡、伊莎贝尔通常称自己为一个哲学践行的推动者、促进者（facilitator），他们的工作就是要教会像我这样的新手如何在今后独立地主持一个工作坊。而所谓主持者也不是工作坊的领导者，他的作用是要让参与者开始提问，推动他们进行批判性思考、做哲学探索。

由于这里的工作坊是以小组对话的形式呈现的，因而人们常常不能很好地领会这个哲学活动的本质所在，误以为做哲学思考就是人们相互之间交流感想与意见，或者是为自己的某个观点做辩护。真正的哲学践行并不在此。

我们事先假定，做哲学思考不仅包含着思考，也意味着要对我们的思维进行再思考，也就是反思。就是说，在我们有观点、有想法的同时，也要意识到我们自己和我们的对话者所表达的那些观点的含义、本质以及结论是什么。所以，在哲学践行中，新奇、深刻的思想不足为奇，对思想和思维方式的不断反思和完善才是至关重要的。

一对一的哲学咨询在这次研讨会里也是不可或缺的重要组成部分。在参加这个研讨会之前，哲学咨询对我来说最困难的就是不知道要如何向来访者提问题，以帮助我发现来访者思想中的症结。我经常觉得没有什么好问的了，或者我脑海中能想到的问题似乎都不能帮助我有效推动咨询进程。在这一周里，每天我们都会三个人一小组，轮流当哲学咨询师和来访者。在其中两人进行哲学咨询的时候，第三人充当教练、督导、观察者的角色。在每一轮的简短咨询结束之后，三个人中的每个人都要对本次咨询进行正负两方面的评价，最好能给出一些建设性的意见，这将有助于哲学咨询师提升自己的技术，对于另外两个人来说同样也有借鉴意义。每天晚上奥斯卡还会从参会者中找一个志愿者来做一次公开的哲学咨询,我们其他人就坐在下面观摩。这是一种非常有趣的经历,看着奥斯卡抽丝剥茧般地一步一步解开对方的思想困惑,我心中非常敬佩。

在哲学咨询的一开始,来访者要先提出一个他所关心的问题,哲学咨询师首先会就这个问题本身进行一些释疑性工作;如果来访者提出的问题不是很简练的话,我们要通过一些提问将来访者的问题重新措辞,然后在这个面目一新的问题上进行分析。对于来访者所提出的这个问题,哲学咨询师可以尝试提出多种假设性答案;当一个假设被证伪了之后,我们就要转而提出另一个可能的假设。如果所有可能的假设都被否决了,那么可能就是来访者在前面的咨询过程中没有真实表达自己的思想,或者是遗漏了一些重要的信息。哲学咨询师要有敏锐的洞察力,能抓住问题的症结,把来访者的真实想法促逼出来。

到了某一步应该如何推进咨询的进程,如果哲学咨询师心里对此没有明确的想法的话,他可以直接问来访者:"为什么这个问题对你来说是重要的?"由这样的发问,我们可以找到来访者提问的深层次原因,这样的挖掘有助于咨询的深入，使得来访者更加真诚地表达自己。实际上，来访者说的每一句话都可以成为咨询师向其提问的良好契机，正如我们在小组的哲学对话中所做的那样，我们总能从某个侧面进行问题化。当然，想要做到像奥斯卡那么游刃有余，我们还需要更多的练习和实践。

哲学咨询师也会碰到一些很难应对的来访者。这些来访者本身十分理性，他们在接受咨询的同时会对哲学咨询师进行评价，甚至会与哲学咨询师形成对抗。通过来访者在咨询过程中表现出来的对哲学咨询师的不信任以及挑剔，哲学咨询师也能得到有用的信息，对来访者的思想、性格特征形成假说，比如"这个来访者可能是一个缺乏安全感的人"；而由来访者在咨询当下的表现所形成的结论对来访者来说会是印象十分深刻、冲击力较强的，对他心灵的触动也会更为直接有效。有时候，来访者提出的问题是他自己心里已经有了答案的。来访者为什么会提出这样一个对他来说已经有解的问题，这也是哲学咨询师可以深挖的要点。在哲学咨询的过程中，哲学咨询师要有意识地不断重复提及来访者一开始提出的那个问题，这既是为了促使来访者进一步思考，看看随着咨询的不断推进，来访者是否对自己所提出的问题有了新的想法，另一方面也是提醒哲学咨询师千万要记得整个哲学咨询的目标问题，避免在不断地提问和对话中遗忘了最重要的任务。

哲学咨询的核心就是要找到来访者思想中的不一致之处。如果一个来访者明明知道自己不可能同时拥有两件东西却还是不愿意放弃其中任何一件，我们有时候就可以将其称为"顽固""贪婪"，我们可以通过问来访者"你怎么称呼一个不肯放弃不可得之物的人"等相关问题来促使来访者对自己的行为进行评价。如果他对自己的评价也是负面的，那么接下来我们便可以让他自己想想如何改变现存的状态，怎么使自己的生活更美好，最终的决定权在他自己手里。这些都是我通过参加奥斯卡的研讨会所获得的一些感想，对我自己当时的博士学位论文写作以及后来进一步的哲学践行理论和实践探索都产生了非常重要的影响。

## 从"当代苏格拉底"到"法国庄子"

当初听到奥斯卡开始对中国哲学，尤其是《道德经》

《庄子》和《易经》感兴趣的时候,我以为他只是一时兴起、浅尝辄止,不会真的投入多少时间和精力,毕竟他非常忙,而且他的苏格拉底式犀利作风似乎与庄子的逍遥、无为精神是相冲突的。但是当我看到奥斯卡已经开始出书,并且还翻译为中文出版了之后,我一方面敬佩他旺盛的好奇心、求知欲,另一方面也被他这个法国人激起了更多对中国传统哲学的研究热情。

庄子是中国最神秘、最有智慧的思想家之一,他的大作《庄子》挑战了传统智慧,对人性和现实的本质以及生活的艺术提出了许多深刻的见解,召唤我们质疑我们对世界的假定以及我们的生存状况,在学术界和普通人的日常生活中都留下了不可磨灭的印记。结合寓言、轶事和对话,庄子采用了一种充满诗意和近乎异想天开的风格来传达他的哲学思想。庄子也经常采用幽默和讽刺的方式来颠覆我们先入为主的观念,鼓励我们以更加深刻的方式去理解生命和存在。结合奥斯卡的解读,我们会发现,庄子于两千三百多年前所提出的哲学思考在我们当代世界里仍然有非常强的启发性。

其实，如果仔细想想，奥斯卡与庄子也是有很多相似之处的。奥斯卡是一个在生活上比较随意的人，平常说话也不是特别严肃，喜欢开玩笑，参加过他的哲学践行活动的人肯定都熟悉他的法式幽默。而庄子本人也经常会以讽刺的方式来对别人进行抨击，不会顾忌这些人的财富、地位和名声。

例如，在《庄子·杂篇·列御寇》里有个"曹商舐痔"的故事，说的是宋国有个叫作曹商的人，为宋王出使秦国。他前往秦国的时候，得到了宋王赠与他的几辆马车。秦王十分喜欢他，又加赐了他百辆马车。曹商回到宋国后，见了庄子炫耀道："身居偏僻狭窄的里巷中，贫穷潦倒到需要靠编织草鞋谋生，脖颈干瘪面色饥黄，这都是我曹商不如别人的地方；一旦见到拥有万辆马车的国君，使其明悟而跟着得到百辆马车，这又是我曹商超过他人的地方。"庄子随后回应："听说秦王生病请的大夫，使痈疽、痤疮破溃的可以获得马车一辆，舐治痔疮的可以获得马车五辆，所治疗的部位越是低下，得到的马车就越多。你难道是给秦王舐过痔疮吗？获得的车辆为什么这么多呢？你还是赶紧走开吧！"在这个寓言里，曹商是个不择手段追逐名利之徒，并且他不以为耻、反以为荣，结果招来庄子的一顿毒舌和痛斥。我想，如果曹商出现在奥斯卡的面前，估计奥斯卡也会把他怼得无地自容。据此，我们也能发现庄子与奥斯卡之间的相似之处与联结，在一定程度上看出奥斯卡为什么会对庄子哲学情有独钟，进而带着读者与庄子一起哲游。

这里也要特别提及本书的另一位作者维多利亚。2013年我在奥斯卡那里参加夏季研讨会时维多利亚没在，不过那年年底我去泰国朱拉隆功大学参加"批判性思维与哲学践行圆桌会议"的时候见到了她。我还记得跟她攀谈的时候，我跟她说我很喜欢在奥斯卡那里参加研讨会的体验，然后她问我"为什么"，我当时一下子还没有反应过来，因为我只是出于礼貌在打招呼时说了一些客套话，虽然说的也是实话，但是并没有细想背后的理由。通过这个细节，我体会到维多利亚的风格，不管是在生活中还是在哲学践行中，都要讲求论证，通过问"为什么"来探究相关观点、行为背后的原因。后来在圆桌会议过程中，维多利亚组织的工作坊也给我留下了深刻的印象。她跟奥斯卡的风格比较类似，我不清楚当时她是不是已经开始跟着奥斯卡学习了、学习了多久，但是很明显她的控场能力很强。虽然她很年轻，也不像奥斯卡那样身材高大，但是看得出来她在哲学践行的实操方面非常有经验、很老道，能够迅速抓住问题的实质，逻辑思维很强，言辞和眼神也非常犀利。奥斯卡曾经说过哲学践行中的引导者就如同老虎，"低调地潜伏在那里，看着却不动，待到思想出现时便抓住它们"。维多利亚显然也像奥斯卡一样已经具备了"老虎"的这种卓越的捕猎能力。

最后，我想邀请广大读者跟随奥斯卡和维多利亚一起踏上这趟奇妙的知识之旅，同时以开放的心态对待庄子的著作以及奥斯卡他们对此的解读。作为《与庄子哲游》的续作，这本《与庄子哲游2》分别讲述了"庖丁解牛""濠梁之辩""庄周梦蝶""柴立其中央""相濡以沫"以及"二儒发冢"六个故事。奥斯卡他们在对相关故事进行讲述的基础上，进一步阐发了其中所蕴含的哲学思想，例如知识与实践、视角主义、身份认知、中庸之道、自然主义和伪善之恶等话题，并对其中所涉及的大量概念、观点和论证进行了有见地的分析和引人入胜的解释。这本书通篇涵盖了庄子思想的核心主题，包括无为的概念、万物的相互联系、观点的相对性以及人类与自然界的和谐，强调培养自发性、接受模糊性和不确定性、超越语言和社会习俗的限制，从而达到真正的自由和开悟的状态。此外，每一章的最后附上了一些理解性问题和反思性问题供读者进一步思考，也适合用作教学材料。尤其是那些反思性问题，每一个都适合单独做一次深入的哲学讨论和研究。因此，《与庄子哲游2》这本书不仅适用于那些刚接触庄子学说的人，同时也可以成为经验丰富的哲学学者和学生的宝贵资源。

我相信，《与庄子哲游2》这本书一定能激发你的想象力、引起你的沉思，你需要做的就是准备好接受认知和思维上的挑战，并被这些古老文本中的深刻见解所唤醒，去追寻生命的永恒奥秘。无论你是一个哲学家、一个智慧的追求者，还是仅仅作为一个对形而上的基本问题有好奇心的人，《与庄子哲游2》都为你提供了一扇通往有趣、深邃、丰盈和具有变革性的哲学之旅的大门。

让我们立马开始和奥斯卡这位新晋"法国庄子"一起

做哲学思考,在"道"的领域里展开一场发人深省的思想冒险吧!

丁晓军
西安交通大学哲学系副教授、博士生导师
中国现代外国哲学学会知识论专业委员会常务理事
中国心理学会积极心理学专业委员会委员
参译《哲学践行文献精选》
主讲湛庐阅读APP《作为生活方式的哲学》

**推荐序二**

# 为什么我找不到牛屁股？

认识我的朋友都知道，每年在嘉年华季节去巴西参加庆典的时候，我都要狂吃超美味的"牛屁股（picanha）"，几乎没有一天不吃，因为我知道，只要离开巴西，就吃不到了。原因是，除了巴西以外，没有任何一个国家的肉贩，会如此费事地把这一块拳头大小、三角形的肉，专门分切出来贩售。唯一能吃到这块肉的方法，就是去肉铺指名买整大块"上后腰脊肉（Top Sirloin Butt）"（肉号MBG184）来分切出这一小块三角形的部位（肉号MBG184D）。但是，我即使按照网红的建议，去肉店搬回了一大块上后腰脊肉，还是找不到那块心爱的牛屁股！最后，我只好很扫兴地把整块肉随便切一切烤来吃了。

是的，你猜对了，这个故事说完之后，我就给上思考课的每个学生发了一份《庄子》中这段庖丁解牛的故事文本：

庖丁替文惠君宰牛，手所触及的，肩所倚着的，足所踩到的，膝所抵住的——牛的骨肉相离发出的咻咻声，进刀割解发出的哗啦声，都完美契合音律，好似在表演《桑林》的舞蹈，又像是合于《经首》的音乐。文惠君说："啊，好极了！技术怎会达到如此高度！"

庖丁放下刀，答道："我在乎的是道，它超越了技术。我刚开始宰牛的时候，看到的是完整的牛本身。三年以后，我不再看到整头牛了。到了现在，我只用心神去领会，而不用眼睛去观看。感知和理解停了下来，心神可自由运作。顺着牛天然的构造，劈开筋骨间的大间隙，将刀导入骨节间的大空处，顺着事物本来的样子用力。于是我的刀从未触碰那些最微小的经络骨肉盘结之处，更不说去碰大骨头了。好的厨师每年换一把刀，因为他会用刀去割。普通的厨师每个月换一把刀，因为他会用刀去砍。我这把刀已经用了十九年了，用它宰的牛有几千头了，可是刀口还是像在磨刀石上刚磨过一样锋利。"

接着，我问了第一个问题：

拿着一大块"上后腰脊肉",无论我怎么翻来覆去都找不到牛屁股,但是巴西的任何一位庖丁都可以轻松一秒找到的真正原因是什么?

经过一番讨论,我确定至少有三个合理的好答案之后,继续提出了第二个问题:

重复是知识的来源吗?请用亲身经验举例,来支持你的答案。

等这个讨论中赞成和反对的论点都相当完整了之后,我问了第三个问题:

定期练习一项活动能带来自由吗?请用亲身经验举例,来支持你的答案。

这个开放式的问题,当然也要让上思考课的学生们在逻辑上看到,定期练习带来的限制以及定期练习带来的自由都可以是合理的。这时候，才是进入第四个，也是最后一个问题的时候：

我们应该为了能够理解而停止去理解吗？请用亲身经验举例，来支持你的答案。

之所以每个问题都强调要从亲身经验中去举例，是为了帮助上思考课的学生不能停留在抽象的论证中而脱离了现实。这四个问题讨论完毕之后，我提出四个主要概念，请学生确认他们是不是在这个庖丁解牛的讨论当中看到了：

1. 知识与实践
2. 意图
3. 法则
4. 习得性无知

如果有学生没有看出特定的概念，思考老师可以邀请其他看懂的同学提出他的观察和看法，让生活经历相近的学生"共学"。思考老师也可以趁这个机会,学习需要如何与学生对话,才能使学生更有效地理解抽象的哲学概念。

最后,学生在下课之前必须进行"僧侣时间"——口述或是书写:对于这个庄子故事的讨论,他们喜欢的是什么,不喜欢的又是什么,有哪些让他们惊讶的地方,以及讨论衍生出什么新的问题。这有助于他们在课后继续进行思考。

课后,想要对特定概念进行学习的学生,可以回到奥斯卡博士的书中,从庖丁解牛这个故事的说明里挑选特定的概念去阅读。因为在这个时候,学生经历了思考和辩证的过程,因此可以从法国哲学家的角度看见这个故事中更多原本中国人也看不见的崭新观点,从而获益。

如果思考过后,学生还想要继续深入,可以各自继续探索这个故事章节最后提供的关于理解阅读的问题,还有延伸思考的哲学问题,两组问题大约各有十个,让思考式对话不因下课而中止。我也给出了课后的思考问题:

你认为庖丁的刀常保锋利状态,还是也有可能并不锋利?

1. 你的答案是什么？为什么？
2. "思考"跟庖丁的刀一样吗？为什么？

在下一堂课上，我也会愿意花充足的时间，和上思考课的学生一起讨论在阅读奥斯卡博士的文本后，产生的疑问、反思，甚至是反对的观点，并且不受时间和进度的限制。

对我来说，无论是一个教思考课的老师、一个践行哲学思考的伙伴、一个孩子的家长，还是一个普通读者，他使用这本书最好的方式，都不是从头到尾通篇地阅读这本书，把奥斯卡博士对于庄子故事的剖析当作哲学知识来吸收，而是能从一个切身相关的生活实景切入，活用篇章后面提出的问题，启动思考，来进入这个既熟悉又陌生，既东方又西方，既传统又现代的庄子世界。

欢迎和我一起来找牛屁股！

Shiro（褚士莹）
长居美国波士顿
是奥斯卡的学生，也是一个作家、跨文化思考教练
著有《我为什么去法国上哲学课？》等50多本书

## 与庄子哲游

庄子是一位生活在公元前 4 世纪左右的有影响力的中国哲学家。《庄子》以他的名字而命名，被认为是他的著作而流传下来，是道教的基础著作之一。它由许多奇怪的小故事组成，目的是引发读者思考。它的主要功能是通过批评众多的成见、社会和道德义务，让我们反思生活中虚幻甚至荒谬的一面，这些都是造成我们心理和认知痛苦的原因。本书精选了《庄子》中的六则故事，并配有哲学分析，围绕每个故事的关键概念展开讲述，涵盖了一些中国的文化背景，并提供了一系列问题，以便读者对文本内容进行思考。

引言
# 中国的庄子

庄子很可能确有其人,但我们对他知之甚少。他大约生活在公元前4世纪,被认为是中国所有早期思想家中最有创造力的一位。他的作品所展现出的独特风格和惊人内涵,使他在古典文学中占有特殊的地位。对人们来说,他始终是中国文学和哲学传统中一个"必读的"、不可或缺的、无法忽视的作者。

庄子的思想和他的思维方式,往往带有很强的批判性和讽刺性,不符合大多数中国人的心智模式、思维方法或常规认知。我们需要了解的是,中国哲学史上最重要的思想之争发生在儒家思想与道家思想的对立之中,老子和庄子是道家思想的主要代表。我们暂且把佛教哲学思想放在一边,尽管佛学在中国历史文化中也扮演着重要角色。同样,我们也不会在学术上讨论道家思想的统一与否,主要原因是,在中国哲学母体的统一中,存在着一个根本分裂——其中承载着无数意识形态意蕴。

在审视指导当代中国人的行为和思想的普遍原则时，我们可以看到，无论是出于有意识，还是无意识，儒家思想都处于支配地位。我们可以做一个类比。在西方，最早的哲学思想的对立发生在苏格拉底和柏拉图所代表的一方与亚里士多德所代表的另一方之间。在这场历史性的思想争锋中，亚里士多德被认为是胜出的一方，因为我们大多数人的世界观更倾向于唯物而非唯心。

这种关系与儒家和道家之间的对立十分相似，尽管我们将其定性为人文主义与理想主义观念的对立。让我们举几个例子。

第一个例子："道"是中国哲学中最基本的概念，就如同"存在"和"上帝"是西方文化中普遍存在的两个基本概念。对于道家思想家们来说，道不是"物"的"名"，而是宇宙潜在的自然法则，其终极本质是难以界定的，因为它本身是非概念性的，但在人的存在和生命中却又是显而易见的。它常是"无名的"，必须与无数被认为是它的表现形式的"有名的"事物区分开来。它才是生命的本质，并先于任何我们能够描述的具体的例子而存在。但对于儒家来说，"道"这个词更多指向"真理"，或者"方法"，因为它向人们阐释了生活的规范、政治的规则和传统的法则。这是一种"人文主义"的道，它应该与我们的道德和人性息息相关。孔子很少提到"天道"。早期有影响的儒家学者荀子，明确指出了两者之间的不同。虽然他承认天道的存在及其重要性，但他坚持认为"道"主要关乎人类事务。

第二个例子源自第一个例子：它与决定和评判我们行动的标准有关。对于儒家来说，礼是根本的——习俗和传统必须得到尊重。它们代表着社会的关键秩序，是社会内部和谐的重要因素，调节着我们卑微的个人主义本能，这种调节当然具有道德内涵。在这个框架内，层级是至关重要的，因为它决定了每个个体在这个和谐结构中的位置。对道家来说，这些仪式充其量是表面文章，甚至是一种幻觉或虚伪，因为唯一必须参考和遵守的原则是道，即宇宙的原则。这种主张为个体留下了很大空间，并表达了对社会及其规则和义务的强烈批评。这就是道家经常被认为是反叛者、无政府主义者或反社会者的原因之一。在道家思想中，甚至道德规范也被批判为道德体系中一个较低的层次。按照从高到低的顺序排列，依次是道、德、仁，然后是义，最后才是礼。

在确认中国社会的儒家倾向的同时，我们可能会注意到，当代人在读《庄子》的故事并对其赋予自己的理解时，往往会在道德意义上产生曲解，产生出与原有含义相去甚远的解读。我们将在后面谈到的"德"，就是一个很好的例子。它经常被解释为人类道德意义上的美德，而它最初的意味是本体论意义上的"品质"，就像在英语中我们会说某种药物具有"特性"，是指它有良好的功效或性能。

当然，这两种传统有时在关于人、社会、统治者和宇宙的观念上有相似之处，这些观念不是由任何一种学派创造的，而是源自比孔子或老子更早的一种传统。老子一般被认为是哲学道教的创始人，应区别于后来创立的宗教道教。但儒学致力于建立一个道德和政治体系，以此来形塑中国社会及其皇权统治；而道教，在同样的世界观中，代表着更多个人的和形而上的关注。

虽然同在这一框架内，庄子却具有一种独特的、批判的，甚至讽刺的视角和风格，可以与古希腊的犬儒主义者，被称为"疯掉的苏格拉底"的第欧根尼相类比。与儒家不同，道家从来没有一个统一的政治理论。后来的道家黄老（也称黄老道，是道教早期重要教派之一。"黄"，指黄帝；"老"，指道家学派始祖老子，被后世道教奉为鼻祖。）认为，一个强大的皇帝是合法的统治者，而"尚古主义者"（如庄子）则强烈主张激进的无政府主义，并蔑视政治生活和等级制度。因此，人们应该不会感到惊讶，儒学在许多朝代被皇帝确立为官方学派，而道教作为一种学派却几乎不被容许甚至被禁止。

《庄子》的另一面对当代的中国人来说更具挑战性：它与社会和家庭中普遍提倡的价值观截然相反。

首先是野心和贪婪，贯穿在成功和努力工作中，其中包含着竞争和生存斗争，这些被视为正向价值观。这些价值观所代表的世界观，在今天是非常普遍并被强烈认同的。一个人必须追求上述世俗意义上的成功——通过经历必不可少的高考，通过在班级名列前茅，通过攀爬社会阶梯，通过致富和获得社会认可，通过赢得尊重而不是丢脸。中国芸芸众生的追求与庄子所倡导的原则几乎背道而驰。

当然，人们可以说，在西方，绝大多数普通人的想法与大多数哲学家的理想主义观点也是不一致的。因此，尽管庄子被推崇为伟大而著名的思想家，但他很容易被还原论者视为提倡"无所事事"和"离群寡居地生活"的人，而这类行为当然被认为是不可能的、理想化的和不切实际的。有一种半开玩笑的说法：儒家思想是为年轻人和工作者准备的，而道家思想是为退休人士准备的，因为他们已经无事可做了。

最后，我们还看到了庄子对家庭价值观的批判，这种价值观常常使中国人获得良心上的安慰。庄子邀请我们逃离现实中虚幻、自私、狭隘而有限的图景，把自己放在一个更广阔的视野中（他有时将其称为"大海"），而不是在小人物生活的小池塘中，佯装快乐而安好。

# 罗伯特·恩诺[1]对庄子的介绍

《庄子》的文体风格是独特的,要融入其中就必须适应其文本的体裁和格式。大多数章节是由一系列简短而风格多样的散文构成,这些文章混合了可能是真实的也可能是荒谬的叙述,以及关于真实或虚构人物的故事。无论我们猜测庄子在陈述某件事时他本人是否相信它是真的,还是猜测他是否在乎我们相信与否,都不是一个好主意。他总是编撰事实。最好假设《庄子》中的每一个故事都是虚构

---

1. Robert Eno,印第安纳大学伯明顿分校副教授,密歇根大学博士。研究领域涉及中国早期历史、中国先秦古文字、中国哲学。发表作品:《儒家的天论》(The Confucian Creation of Heaven)(1990)、《在商朝的宗教中有至高的神吗?》(Was There a High God Ti in Shang Religion?)(1990)、《庖丁的道与哲学的局限》(Cook Ding's Dao and the Limits of Philosophy)(1996)、《销售神话:中国古代的哲学市场》(Selling Sagehood: The Philosophical Marketplace in Ancient China)(1997)、《孟子的诡辩与性格》(Casuistry and Character in the Mencius)(2002)、《鲁国孔氏家族背景与儒家思想的起源》(The Background of the Kong Family of Lu and the Origins of Ruism)(2003)、《商朝国教和先贤祠的甲骨文文献》(Shang State Religion and the Pantheon of the Oracle Texts)(2008)。

的，庄子明白是他创造了这些故事，他不指望任何人相信他的故事。《庄子》中的每一个传说和故事都蕴含一个哲学观点，这些观点是《庄子》的重要组成部分。

《庄子》中的故事所发生的世界并不是我们生活的世界。他给我们讲述了一只身长几千米的巨鸟，以及一只蝉和一只斑鸠是怎么谈论它的。我们进入了一个充满奇妙的野兽、想象中的植物和会飞的神仙的世界。《庄子》世界里的人同样也是不寻常的。他所编织的社会里充满了巫师、驼背的人、神秘的隐士、会说话的河流和可以毫无畏惧地在瀑布倾泻而下的池中游泳的泳者，还有一个能无比熟练地分解牛的屠夫。

《庄子》的一个有趣之处在于，它所描述的主要人物之一是孔子。有时孔子被描绘成一个小丑，一个自大的傻瓜，被那些与道家思想一致的角色所鄙视。但孔子常常扮演庄子观点代言人的角色。我们不禁要问，这是否只是庄子对他的儒家思想对手的一种嘲弄，还是他实际上并不觉得自己的思想与孔子的思想有某些共同之处。

庄子的主要写作手法是，通过提出一种非常激进的事实和价值观相对论,来打破我们对于何谓真理和价值的普遍观念。

对庄子来说(对老子来说也一样),所有人类珍视的价值观,比如好与坏、美与丑,都是非自然的,它们只存在于我们武断的偏见之中。但是庄子走得更远,他抨击我们所有有确凿事实的信仰。

根据庄子的观点,宇宙本身是一个不可分割的整体,而我们是其中的一部分。唯一真实的"事实"是,这个宇宙系统作为一个整体在不停地运动着。

在远古时代,人类曾经把世界看作一个整体,把自己看作这个整体的一部分,而不是把自己和周围的自然环境区分开来。但是自从词汇和语言发明以来,人类开始使用语言来表述世界,这最终导致我们分割了眼中的世界。当人类发明一个名字的时候,被命名的事物瞬间就会因为这个名称的定义而与其余的世界脱离开来。随着时间的推移,我们对世界的认知已经从对一个单一系统的整体理解,退化为对一个由诸多拥有独立名称的单位组成的空间的认知。

每当我们使用语言并对世界进行断言时,我们就会强化这种错误的世界观。我们称这种方法为"相对主义",因为庄子的基本立场是,我们认定的事实只是那些带有偏颇世界观的所谓"事实",我们认为好或坏的东西之所以显露出正面和负面的价值,是因为我们的错误信仰将我们导向武断的偏见。一个完整世界系统的动态运行就是所谓的道。将世界分割成种种独立事物,是非自然的,是基于人类语言思维的结果。庄子认为,我们需要做的是学习如何绕过我们的"眼前所见",但却并不存在的虚幻分裂的世界,重新获得"道"的宇宙统一观。

与老子一样,庄子也没有详述任何一条可行路径能让我们实现观念上如此戏剧性的变化。但他的书中充满了似乎已经实现了这种转变的人的故事,其中一些人物为我们展现出有趣的可能性,比如庖丁或轮扁。这些人物似乎探寻到一种通过掌握某种技能来重新感知经验的方法。这可能是庄子建议的一条指引我们走向新世界视角的路,以逃离语言为我们建造的牢笼。

在另一节中,庄子让孔子为他的弟子颜回制定了以下养生法,称之为"心斋":若一志,无听之以耳,而听之以心；无听之以心，而听之以气。听止于耳，心止于符。气也者，虚而待物者也。唯道集虚。虚者，心斋也。（取自《庄子·人间世》）

孔子的描述似乎暗示了某种形式的冥想练习，但其结果看起来与庖丁在解牛时进行的体力劳动相似。

这些对智慧之道的描述表明，虽然庄子认为我们对这个世界事实真相的认识，从根本上看是一种被扭曲了的"知识"，但他对知识并非持有一种完全相对主义的观点。庖丁和庄子笔下的孔子似乎确实达到了一定的智慧境界，但他们具备的知识似乎与人们通常所看重的知识截然不同。没有一个"庄子版"教学大纲，能与孔子为他的学派所设计的繁复的礼仪教学大纲相比。而庄子与老子的不同之处则在于，关于什么是自己眼中的至高智慧，庄子尝试给出更为具象的示意。

# 第一章

# 庖丁解牛

庖丁为文惠君解牛，手之所触，肩之所倚，足之所履，膝之所踦，砉然向然，奏刀騞然，莫不中音。合于《桑林》之舞，乃中《经首》之会。文惠君曰："嘻！善哉！技盖至此乎？"

庖丁释刀对曰："臣之所好者道也，进乎技矣。始臣之解牛之时，所见无非全牛者。三年之后，未尝见全牛也。方今之时，臣以神遇而不以目视，官知止而神欲行。依乎天理，批大郤导大窾因其固然。枝经肯綮之未尝微碍，而况大軱乎！良庖岁更刀，割也；族庖月更刀，折也。今臣之刀十九年矣，所解数千牛矣，而刀刃若新发于硎。"

——《庄子·养生主》[1]

---

1. 本书中《庄子》古文引自陈鼓应所注释《庄子今注今释》，译文以本书原作为主、陈鼓应《庄子今注今释》为参考而翻译。——译者

## 【译文】

庖丁替文惠君宰牛,手所触及的,肩所倚着的,足所踩到的,膝所抵住的——牛的骨肉相离发出的咻咻声,进刀割解发出的哗啦声,都完美契合音律,好似在表演《桑林》的舞蹈,又像是合于《经首》的音乐。文惠君说:"啊,好极了!技术怎会达到如此高度!"

庖丁放下刀,答道:"我在乎的是道,它超越了技术。我刚开始宰牛的时候,看到的是完整的牛本身。三年以后,我不再看到整头牛了。到了现在,我只用心神去领会,而不用眼睛去观看。感知和理解停了下来,心神可自由运作。顺着牛天然的构造,劈开筋骨间的大间隙,将刀导入骨节间的大空处,顺着事物本来的样子用力。于是我的刀从未触碰那些最微小的经络骨肉盘结之处,更不说去碰大骨头了。好的厨师每年换一把刀,因为他会用刀去割。普通的厨师每个月换一把刀,因为他会用刀去砍。我这把刀已经用了十九年了,用它宰的牛有几千头了,可是刀口还是像在磨刀石上刚磨过一样锋利。"

### 故事内容

1. 知识与实践(Knowledge and practice)

2. 意图(Intention)

3. 法则(Algorithm)

4. 习得性无知(Learned ignorance)

5. 问题(Questions)

## 1. 知识与实践

文惠君对庖丁解牛的方式印象深刻。他惊叹于整个过程的机敏、高效和美感，技艺之纯熟。他认为这近乎完美，并向这位手艺人表达了对他技术的赞叹。但庖丁纠正道：这不是"技术"，而是超越技术的"道"。我们要记得，"道"不仅意味着事物存在和运行的方式，还是一种动态维度上的真实。庖丁作出这样的修正和辨析，也是在邀请文惠君开启一次精神飞跃，跳出老套和过分简化的"技术"这个概念，向着更高更广处思考。在"技术"这个概念中，什么被过分简化了呢？首先，技术是一种精通的掌握力，一种对现实的控制力，这暗示着我们能以我们想要的方式改造现实。无论我们要把技术应用到何种类型的对象上，都是通过作为的能力，我们修正和决定事物的性质。在这样的视角下，我们赋予自己一种力量，而且我们处于这种力量的中心，成为这种力量的承载者。所以我们很强大，而这种"力量"的念头，对庄子来说恰恰是一种幻觉，就像人们对法术的信念一样原始，施展法术时只要念几句咒语，就能完成一番功绩。其次，技术是个人化的，属于一个特定的个体，技术就等同于他，几乎可以被用来定义这个个体。比如，庖丁被称为"庖"，是因为他有烹饪的能力，或者他也被称为"屠夫"。因此，我们常常通过人们的能力，或指向一种能力的职责来定义人，比如"他是医生""他是教授"。我们通过技术来区分彼此，我们也通常这样构建身份：通过施展力量和给他人留下深刻印象的方式。我们通过技术展示我们的重要性，显露我们的独特性和价值。

综上所述，"技术"这一概念鼓励一种原始的世界观，在这种世界观中，有一种"独立的存在"，我们是世界的"中心"，尽管它只是"我们的世界"，而且我们认为，我们的意志和行动决定了事情的发生。这样看来，在庖丁这个故事中，文惠君本人提出"技术"这一概念，并非偶然。尽管文惠君是一位君王，或者正因为他是一位君王，在某种程度上，文惠君以最平庸的方式代表了一种人性的典型。对一位君王的描述，包括但不限于我们以下所写：首先，他认为自己有权力，因为他能命令每个人。能号令一国之民的君王很容易高估自己的权力，进而滥用自己的权力，成为一个暴君，并发现自己有一天会因为这样做而受到"惩罚"，这可以被称为现实的原则。其次，君王认为自己是独特的，因为君王只有"一个"，而臣民"无数"。每个人都认识他，他却认不得每个人。他独一无二、声名显赫、与众不同，甚至能力非凡。因此，人们可能会认为君王异乎常人，但事实上，他是相当平庸，相当普通的。或者，有一个简单的原因，君王看待自己的方式，最有可能是每个人看待自己的方式，至少在存在和感知的某些方面如此。人类内在有一种自恋倾向，自然倾向于认为自己是宇宙中心，自觉或不自觉地倾向于把自己视为最重要、最独特、最与众不同、最特别的那个人。也许，这种倾向，一部分源自我们的动物自我，这其中有一种生存本能，而对于动物性来说，生存是首要的——虽然对于有些物种而言，后代、配偶或群体的生存，有时会优先于个体的生存。通常，对于人类来说，除了这种与生存有关的动物本能，我们会把心理或有关存在的关注，与我们的个人形象和身份联系起来。因此，保护或发展这种独特而非凡的身份成了首要关注，甚至在某些情况下压倒了对生物本能的关注。

这样来说，我们都是"君王"，焦虑于自己的形象和权力，忙于担心自己是否被他人认同和尊重，对自己的荣誉和别人对待我们的方式（甚至仅是看着我们的方式）感到不安，紧张于他们如何看待我们。所以，我们可以说，正是因为庖丁没有落入文惠君和大多数人都会落入的惯性之中，他才是真正"特别"的人。

那么，庖丁想要文惠君实现的"精神飞跃"是什么呢？"我在乎的是道，它超越了技术。"这样一种世界观的第一个特征，是它的普遍性。这是可能的最广阔的视角，没有什么比道更广大了。第二个特征，它是最为本质的，因为它存在于一切事物之中，它驱动并解释一切。正如我们所了解的，它超越任何特定事物或存在，因此它没有一般思维所表现出来的还原论和经常偏颇的问题。也就是说，为了正确地做事，正确地理解事物，我们必须把视线从我们想要理解和操纵的特定事物上移开。这个解释具体回答了后一个问题："我刚开始宰牛的时候，看到的是完整的牛本身。"换句话说，最原始的知识或视角，是把我们考察的"客体"视为一个完整的、独立的、不证自明的实体。当然，这是我们看待事物的方式，也是为什么我们赋予每个我们能感知到的物体具体名称的原因，这强化了我们分别、割裂地去理解事物的倾向。庖丁解释说，首先，我们要调整，尽可能扩大我们的视野范围，方能把一切事物安排到正确的位置上和比例中。没有什么是割裂存在的，一切都是整体的一部分，一切都融入到整体中，被整体的本质及其原则所驱动和连接。

这种转变，需要一定时间才能产生效果："三年以后，我不再看到整头牛了。"这个时间差很耐人寻味：它意味着，在头脑中知道某件事是不够的，这不足以让此知识被激活且变成现实。这个时间差，是为了让被动知识（即获得但没有操作性的知识），变成真正能用起来的知识，让信息整合起来。这就像消化过程一样，摄入的食物必须经过加工，才能真正为身体所用。因此，非常奇妙的是，道一旦被消化，牛就不再被看作一头完整的牛了，这意味着牛被看成了各部分，是一系列零散局部的聚合。当然，既然它仍然是"牛"，还是一个完整的动物，这些局部就必须按照既定的规则排列被加以思考，它们是某种具有互动性的组合。但这第二步所需的思维转换的要点，主要是对显而易见之物的解构。在这一步，思维可以进行分析，能将事物区分开来再重组，因为思维也能进行综合活动。知识不再是一成不变的，没有什么是显而易见的，为了收集和处理到达我们感官的经验信息，会出现一个涉及逻辑和辩证的持久过程。

故事中所描述的第三步，也是最后一步，是对牛有更进一步的解构：它不再是物质，不能再用肉眼去看，而是用心灵之眼。"现在我只用心神去领会，而不用眼睛去观看。"说到这点，我们就处于道的视角中，因为道是无法被看见的。尽管道是构成和驱动所有事物的核心，但它本质上是精神的，是种抽象原则。为了看到"事物"的真实本性，我们必须不再用眼去看，而是通过思维去感知它们。这种感知是直觉的、即时的，没有分析和过程。有些人会把这种思考方式与天才的心理运作方式联系起来，天才感知事物时，并不知道为什么，因为他无法控制自己的思考进程。这也类似于艺术家的洞察力，他们能看见形式背后的形式，或奥秘，他们可以直接接触到绝对真理。牛的本质是根本现实和第一实体，这是庖丁需要去了解的，这也是我们需要去了解的——为了看清世界的现实，从而采取适当的行动。在这样一种模式中，我们超越不再适用的感知和理解，因为它们被一种更高秩序的力量所取代。很奇妙的是，这种自由之所以能自由运作，是因为它了解必然性。思维从整体和细节上都已看见、分析和理解了牛，所以它懂得了牛的经验现实。但现在它在这种现实中自由地活动，这种描述似乎相当矛盾。通常情况下，我们被客体的知识所限制，认为自己局限在客体的现实之中，不能自由地按照我们所想去处理它。如果存在自由，这种自由应该包括界限之外我们所忽视或否认的东西，而不是被任何固定的客体所束缚住。

这恰恰是由"道的视角"所引发的范式转变，庖丁试图以此来启发文惠君。对读者来说，这可能显得神秘和不可理解。这也是为什么许多专家把庄子解释得比实际复杂得多的原因之一。为了让他的思想更容易理解，我们来举个具体的例子：下国际象棋。一个从未下过棋的人，面对一个棋盘，一开始他会把整个事情看成一个整体：黑白方格盘上陈列着许多不同的小雕像。这是一个无差别的整体，因为没有一个部分本身有任何特殊的重要性和意义。我们注意到有不同的"客体"，但由于它们没有以任何方式被突出出来，我们看到的仅仅是一个整体，是"一堆"东西而已。但是，当我们学习了国际象棋的规则和原则，当我们了解了每一个棋子是什么，以及如何下棋子时，棋盘就开始有了意义。我们已经分解了它，我们知道了其组成部分的名字，我们掌握了它们具体的移动方式。当然，最初的学习需要时间，它不是一下子就能学会的。一是要了解不同的规则；二是要学习、整合和运用它们，而不是每次下棋都要去查规则。从这个意义上说，我们就达到了第二个阶段。这不仅仅是把棋盘看作一个整体，而是观察它的内部动态，其中一个至关重要的方面是因果关系——要么是单方面的因果关系，要么是互为因果的关系；棋子本身之间的相互关系以及棋子与棋盘之间的关系。逻辑是其中的规则，因为因果关系是固定的、可推论的，理解便是这种知识形式的关键。如果我移动这一棋子，那接下来会发生这个，或者那个，等等。通过分析不同的棋步及其结果，人们可以设想出多种战术的可能性。

  第三个阶段的性质完全不同。这么说吧，它更具有格式塔的观点，在这个意义上，思维结构不是特定思想和信息的总和，而是一个不可分割的系统整体，这种整体被认为是超过其部分的总和，是一种存在的普遍形态。它更像几何学，因为我们更关心的是整体形状和各部分的相互排列，而不是个别部分本身。在国际象棋中，经常下棋、努力钻研、经验丰富且将游戏的本质内化于心的人会达到这一阶段。此时，棋手不需要去思考棋子、走法，甚至战术了，一切似乎都是自己发生的：他的手在移动棋子的时候，大脑并没有停下来分析为什么会这么走棋。这就是为什么当旁观者看到一个国际象棋大师同时对战许多人时，会感到惊讶的原因。国际象棋大师下棋快到似乎不需要任何反应时间，而他的对手们却花大量时间分析自己的棋步和战术。这看起来像是一种魔力，其实在某种程度上，这就是一种"魔力"，只不过这种"魔力"是需要时间去学习的，就像那些在舞台上表演的魔术师，让观众大吃一惊，不敢相信自己眼睛一样。在这种运作层面上，头脑不需要感知或分析，它从内部观察事物，在客体的几何构造内自由探索，就像国际象棋专家和规则游戏：规则已经成为他自由的前提，规则令他自由运作，而非成为其自由的限制。初学者会懊恼规则的存在，因为他本来想用异于规则的方式来移动各种棋子。而大师从来不这么想，因为他总是去看既定约束条件下的可能性，而且他总能找到出路。因此他既没有必要也没有时间去懊恼，也不会去想如果换个规则该有多好。初学者处在棋局之外，而大师与棋局合一。正是在这个层面上，大师是"自由"的。我们可以在这里做另一个类比，比如专业司机在驾驶过程中突然走神，想别的事情去了，而驾驶还在进行，令他大为惊讶的是，他突然到达了目的地，就像用了某种自动驾驶系统一样。在这种情况下，他不再思考，"它"通过他在思考，"它"在为他思考。这种情况对于新司机来说，当然是不可能发生的，每一件事他都不得不去大量思考：路况、自己的动作、路牌、其他车辆等等。现在，从这个角度，我们就可以理解庄子的话："感知和理解停了下来，心神可自由运作。"

由此，庖丁不假思索地解释了他所做的事："顺着牛天然的构造，劈开筋骨间的大间隙，将刀导入骨节间的大空处，顺着事物本来的样子用力。于是我的刀从未触碰那些最微小的经络骨肉盘结之处，更不用说去碰大骨头了。"正如他描述的那样，他的手顺着牛的形态，熟悉牛的每一个角落和缝隙。因此，手自己"知道"，这是一个相当奇怪的观点，因为我们通常认为手仅仅是头脑的工具，因为这个肢体，显然不是自主的，它是在意志的指导和控制下操作。但是话说回来，我们都有这样的经验，我们的手在活动时不需要我们去思考，比如锤击或缝纫，当它成为一种寻常动作的程度，我们便无需去思考。我们的四肢，甚至整个身体都是如此，正如我们在任何运动中所了解的那样，一些动作一旦习得，就会变成自然。在某种程度上，体育冠军的运动方式让我们印象深刻：他们显然不需要思考他们正在做什么；在这样一个进程里也没有足够的时间去思考，他们的动作几乎是瞬时完成的。而这种"即时性"的产生，完全是人为的，这正是他们进行强化训练的目的。在某种程度上，他们必须学会停止思考、停止怀疑、停止疑惑、停止思虑重重、停止分析。"即时性"远不同于"自发性"：前者是通过努力练习而习得的，而后者是原始的、本能的、与生俱来的。手一旦知道了，就不再需要"我们"了。这就是庖丁所描述的，他通过手所学会的知识。

## 2. 意图

根据庄子和传统的说法，一旦我们达到了刚才所描述的知识水平，我们就处于道之中了，在我们"逃离"或"忽略"它之后，我们又重返道之中。动物在道之中，一切都在道之中，除了——人。人可以在道之中，但大部分时候，人并不在。那么，根据庄子的说法，是什么阻止我们在道之中呢？有一个概念能回答这个问题：意图。人是有意图的，而这些意图使人远离道。这是怎么回事？当我们有一个目标和计划，想要做某事或得到什么时，我们就产生了一个意图。意图可以来自冲动和我们的主观，或者来自理性和计算。在这两种情况下，它主要呈现两种形式：我们想要的和不想要的。我们想要的，主观上表现为渴望或吸引，理性上则是目标或职责。我们不想要的，主观上是恐惧、厌恶、蔑视、羞耻等，理性上则是拒绝、否定、批判。然而主观与理性之间的区分并不总是非常清晰，两者之间的红线往往是模糊的。

那些意图出于各种原因使我们远离道。首先，它使我们远离当下，远离事物本来的面目，使我们疏远了"此时此地"的真相。我们热衷并试图建构另一个现实，这种意图把我们带向一个幻象的世界，我们认为那会好于当下这个被认为是不愉快和不完美的世界，因为我们拥有的总是我们不想要的，或想要我们所没有的。要进入道，我们需要活在当下，必须去接受现实的本来面目，必须去迎接它，把它当成一种礼物，或者最不济，要去与它和解；否则，我们就会忙于抵触、抗拒和否定，以至于无法看到、理解、联系或实践这个现实。我们太焦虑、太沮丧、太情绪化，或太忙了，以至于无法看到事物的本来面目，以及它背后运作的原因。换句话说，我们无法深入我们所反对的事物。在各种情况里，意图都代表了反对和拒绝。

其次，意图之所以成为道的阻碍，是因为它强化了我们的存在与整体之间的分离：依此，我们执着于自己的不同。当我渴望或拒绝时，当我想要或不想要时，正如字面意思所表达的那样，我以自己为中心。我是主体，我把自己和客体区分开来，一个客体——不管它是什么——它象征着我周围的世界，是这个世界的一种表现。我想要什么，我不想要什么，这个东西就处于这世界之中，我把自己看作那个为了改变世界而去思考和行动的人。所以，我是特别的，我是与众不同的：我认为我是那个负责改变一切的特别人物。不是别人，不是这世界本身，而是"我"，我才是那个应该主导的人，从而去纠正现实的不公、糟糕的工作、对事实的偏见和歪曲。我不遵循"是什么"，我计划去改变"是什么"。我是某种想要满足自己需求或欲望的小上帝，一位负责改善现实的小上帝，一位知晓一切的小上帝，如果没有这位可贵而必要的小上帝，这个世界就会陷入混乱。这位小上帝更专注于改变事物本来的样子，而不是理解事物本来的样子。我们从这个角度可以看出，通向道之路是如何被堵上的。

庄子邀请我们放下我们的意图。但这与孔子和传统中其他人的一些倾向相反，这种要求并不意味着放弃我们的个性和独特性，而只是完善它。原则如下：放下你的意图，在你自己身上下功夫，依循道，再以一种更有教养的、更平和的、更崇高的方式回归你的个性。和人们对无为——不作为，或没有意图的行动——的普遍误解相反，这里暗含着自然和简朴。它并不是指什么都不做，听之任之或随波逐流，而是利用现实和环境来完成我们的任务。如果与道相连，那么你的个性将是有价值的，因为你与道建立了连接，你的根基是道或与道相连。

在本故事中，这种进步通过一个例子得到了体现：使用刀去切肉。一个糟糕的厨师砍的比切的多，因为他的操作手法通常粗暴而笨重。因此，他的刀很快就会变钝，他必须经常磨刀。如果是普通厨子，他就得每月磨一次刀；好点的厨师，一年才磨一次。但庖丁十九年来从不用磨刀，而且看起来他在相当长的一段时间内还是不用磨刀。这意味着什么呢？正如我们所看到的，这并不意味着他没有任何意图，因为他是打算切肉的。但他是通过依循动物的实相、它的本性和结构来做到这一点的。因此，通过训练，我们可以想象，人们必须忘记切割动物的意图，转而对动物进行研究，试图更好地了解它及其运作机制。这才是符合道的态度：弄清事物的实相，顺应这个实相，去处理它，去与之相处。这就是庖丁所描述和解释的："顺着牛天然的构造，劈开筋骨间的大间隙，将刀导入骨节间的大空处，顺着事物本来的样子用力。"

大多数时候，阻止我们理解、观察、连接现实的，是我们的意图、贪婪和急躁所引发的盲目。当我们的目光聚焦在我们的欲望或计划上时，它并没有聚焦在当下：我们看到的是"我们想要的"，而非它原本"是什么"。拿厨师举例，我的意思是，当他沉迷于"切的欲望"时，他的观察和判断被他的意志所蒙蔽，他陷入了自己一厢情愿的思考，所以他并没有"看见"，他的主观性使他变得盲目。和这相关的一个具体例子是，当我们想要在动物身体的某处进行切割时，如果我们过于执着，我们可能不会意识到那个地方太硬了，我们不应该坚持在那里切割，而是要绕过它，从而以间接的方式切割它。我们的意图使我们沿着"我们想要的"方向去看，而在道之中将使我们以"是什么"的方向去看。因此，首先我们必须忘记自己想要的是什么，然后才可以回归它，虽然你得接受一点：这个"我们想要的"必须遵循"是什么"的实相。保有一种更谦卑的态度，意味着我们要保持冷静和耐心，不要太急于得到结果。很奇怪的是，当我们不再执着于"我们想要的"之时，我们就能获得"我们想要的"。为了满足我们的意图，我们必须忘记我们的意图或和它保持距离。这让我们想起了圣经上的观点，即我们应该播下种子，而不去为收获果实而担忧。

## 3. 法则

庄子要我们去体验，而不是去说、去重复那些教给我们"东西"、给我们提供信息的话语。首先，他邀请我们在行动上下功夫，然后仔细观察我们实际在做什么，而不是去相信或考虑任何预先的假设，也不是去阅读、倾听和重复。他支持必要行为的出现及其变革的力量。在很多情况下，以行动为基础的学术指导就是提供操作说明，交流事先安排好的程序，这些都是学生必须学习和应用的。我们经常反复灌输的综合知识，可以称之为法则，也就是为了实现特定的结果而定义的一套规则。而在这里，我们会想起庄子对固定程序的强烈批判,并将其转化为对法则的批判。因为从某种意义上说,法则是一种认知上的固定程序。什么是固定程序呢?它在宗教或世俗中,是规定某种仪式或行动过程的一套规则。这个定义可扩展为一整套习俗、规范的操作或依循惯例的行为。除了具体的目的之外,重要的是建立一系列精神上或身体上有序的动作,这些动作必须被忠实地再现,从而获得一种神奇的、宗教社会或认知上的给定效果。诚然,这种程序是有用的,各种固定程序或多或少都会被寄予这种期望,否则它们可能早就被废除了。因此,任何成功的法则都是如此。我们前面分析了与社会的固定程序相关的性质和评价,现在让我们来考察一下"知识的固定程序"的情况。

第一种类型的知识的固定程序是单纯的听、阅读和重复书籍或讲授。这种固定程序是对权威的口头模仿:我们重复他们传授的内容,我们表明我们已经听到了,已经理解了。第二种固定程序是流程的重复。我们已经学会了一些技术、技巧和规范流程,这些使我们可以去面对一些问题,去处理或解决问题,这被称为使用法则:处理特定问题时必须遵循的一组规则。它通常包含一组有序的步骤，须按次序去应用。它必须是高效的，否则就是无力和无用的。这就是法则的优势，也是它受欢迎的原因。它可靠、清晰，且相对容易处理，尽管其中一些可以变得相当复杂和抽象，比如数学。相对于第一种知识的"信息性"，它可以被称为知识的技术性。与更形式化的信息维度相比，技术维度已经更具思考性、动态性，而信息维度并不一定涉及太多的思考性。虽然，为了理解，人需要一些思考，但正如我们从传统教学中了解到的，太多时候，学习被简化为一个相当无脑的流程。多项选择题考试就是关乎这种流程一个很好的例子，它通常主要评估学生的记忆力和学习能力。技术学徒式训练意味着学习一种流程并运用它，这已经需要更多的思考，这种思维的运用也就被称为"技能性知识"或"实践性知识"。在物理学中使用公式来解决问题，或者按照既定方案撰写一篇哲学论文的能力，都属于这一范畴。例如，后一种方案是可以分析、辩证或设想的。分析性方案是对一个主题的深入思考。它不是通过描述一种情况或现象，也不是通过分析其原因和结果，来讨论一个问题或一个主题。这通常相当于从时间的维度来处理问题：对当前事实的描述，分析造成当前情况的原因，以及对可能的未来情况的预测。辩证性方案会考虑到给定问题的所有方面。它通常由三部分构成：第一部分是正题或肯定性论断，第二部分是反题或反对性论断，以及最后一部分的合题。如果可能的话，综合应该解决前面提出的反对观点。当主题呈现出一个有疑问的观点、一种矛盾，或展现出有问题的情况时，就可以用到辩证的方案。概念性方案通过不同的概念来处理问题或分析情况或想法。通过详细说明这种解释的后果，每种概念将导入不同的方式来解释这种情况或想法。在实际活动中，这种技术层面表现为对特定动作的重复，这些动作必须被重复，以使其功能得到整合。例如，在武术中，一系列精心编排的动作，比如空手道中的卡塔，将被重复，以便学生通过自然地做到那些动作，来恰如其分地运用技术。

"技术性"训练同时发展了学生的力量、灵活性和对环境的反应能力——在身体或精神方面，或两者兼而有之，这取决于训练的性质。从这个意义上说，它代表了一种更深层次的作为，对认知和心理的要求更高。它确实意味着要在自己身上下功夫，发展出一种真正的能力。通常，在学校里，在生活中，在工作中，对一个人的要求没那么多。那么，在这样的训练中，可能缺少了什么呢？这种固定程序难道还不够充分吗？

## 4. 习得性无知

法则的使用会缺少什么呢？如果一个人只是想学习某种动作，那就什么都不缺：他知道该做什么、怎么做，通过重复，他就能出色地练习某个特定的动作。法则让学习更流畅，让练习毫不费力，因为学生不需要考虑下一个动作，他可以专注于仅仅重复给定的流程。法则允许自动化。一旦实现了这种自动化，头脑就更自由了，人们就可以承担更困难的任务。就像一个孩子学习如何穿衣服一样，法则的存在帮助他更快地适应这个动作，而不是每次都要发明新的穿衣方式。一旦屠夫学会了如何切肉，他就不必每分钟都停下来思考，看看该切哪里：他的手自动就会做这件事。但理论上，遵循法则本身并不能发挥创造力或发起任何新操作。一旦学会了,要改变是极其困难的;一旦手指知道如何弹奏钢琴上的某个音符,就很难再忘记,很难以另一种方式去弹奏,即使这种改变非常微小。一般来说,为了达到期望的效果,大脑会优先选择最简单的路径。这就是为什么大脑在某种程度上如此喜欢法则,这就是为什么它会迅速固化任何重复的动作:流程越清晰、越容易,活动消耗的能量就越少。

但仅仅停留在重复法则的层面上,似乎是无法获得道的。重复法则是一个必要的步骤,但必须要克服它。人们可以说,为了完成这一新的步骤,人需要自由的空间,让他能产生"转变",而不是成为现状的囚徒。一种健康的思维应该保持灵活,保持一定的可塑性:人应时刻保持警觉,不要陷入僵化动作和流程的陷阱中。固定的步骤应该仅仅作为工具,而非目的本身。一旦某种法则成为其目的本身,那么它在思维上就失去了自由,在精神上就弱化了。思维臣服于某个行动,而放弃了自己,但同时它只臣服于那个不变的特定行动,而非道。这就是熟知如何切牛、一年只需磨一次刀的屠夫与"用心神去领会"的庖丁之间的区别。同样的情况也发生在演奏任何一种乐器上：当钢琴家学习一首新曲子时，他必须以某种方式思考每一个音符，手指应该放在哪里，如何从一个音符转到下一个。除了要活在当下，他还得预测接下来几秒内是什么音符，这样才能演奏得不磕磕绊绊，让音乐流畅。他必须觉察到自己的双手，以及踩踏板的双腿。整个学习过程是缓慢而辛苦的。在某种程度上，可以这么说，他此时的演奏即使"正确"，也还不能被称作音乐，而是一系列的动作和音符而已。专心的听者会察觉到演奏中缺乏整体性，少了轻松自如之感：过程费力，声音相当笨拙，没有诗意。演奏的机械性无法让人真正感知音乐，因为乐曲实际上被分解成了碎片，就像屠夫在第二阶段感知牛一样：作为部分的组合。在这一点上，人是不可能采取任何自由的行动的，因为这将意味着违背既定的方案，推翻一种最初必须建立起来的固定秩序。庖丁给出的解释，实际上描述了一个中国经典的三层辩证过程：第一层，看山是山，看水是水；第二层，看山不是山，看水不是水；第三层，看山是山，看水是水。一开始，人们看到的是山和水的原本样子，自明的可觉知实体。在第二阶段，人进入了一个否定的过程：思考"什么是"如何有别于"是什么"。这一步构成了一种健康的心智锻炼，以便不被第一时间的直接知觉或给定知识所俘虏。到第三阶段，人可以"重回"到山和水，但现在是以一种不同的方式来看待它们，因为否定的过程给予了一个必要的距离，以便真正看到山和水的本来面目，而不仅仅是自己的投射或懒惰的感知。通过否定，产生一种丰富性："去山化"，其实是真正看见山的前提。就像屠夫最初看到牛一样，把牛看成一个完整的动物，一个他需要切割的实体。然后到了下一个阶段，屠夫把牛看成由多个部分构成的组合。这是一个不可避免的阶段，因为手艺人与牛有了进一步的接触：他必须关注动物的结构，研究它的构成。这要通过经验和行动来实现：他不再是一个单纯的观察者。

这时法则就出现了：建立一个循序渐进的流程，一系列明确的行动，以最高效率为目标。法则不可能出现在屠夫把牛看成一个整体的阶段：那是一个简单的无差别的统一体。为此，他需要解剖并创造多样性。在某种程度上，在这一步，牛消失了，它不再是牛了，它失去了构成动物整体性的统一性，它只是"各部分"的集合。现在最细致而又令人厌烦的过程开始了：屠夫必须慢慢让他的动作变得敏锐，随着重复工作的完成，变得越来越细致和精确。屠夫把牛看作一组零件，从而否定了牛，剥夺了它的整体性。到第三个阶段，屠夫又看到了牛，看到了它的整体和统一性，但现在，他内化了一个"处理牛"的法则，他可以以"心神"来靠近牛。牛还是那头牛，但同时它又不一样了。屠夫在这里既不是观察者，也不是劳动者，他转而思考牛的本质。如果我们回到钢琴师的例子上，也可以做同样的类比：首先我们听一段乐曲，把它当作一个整体来感知，然后我们把乐曲拆成一个一个的音符，一段乐曲就变成了无数的声音。最后，一旦我们掌握了"各部分"，我们又回到乐曲的整体性上来。而现在只有心神才能演奏乐曲，或者乐曲能够以某种方式演奏它自己，我们几乎不需要付出什么努力，它就被演奏出来了。同样的音乐，从此变了，即使它内在什么都没变。

我们可以说，在这个阶段，人既克服了最初的整体性，即经验证据，又克服了后者分解的多样性，从而达到某种形式的超越。为了"顺应道",人必须超越单纯的技巧,以实现宇宙的自然秩序。人只能顺应它,却不能"操作它":一个主体不能处于这样一种活动的中心,他变成被驱动的。这就是我们超越法则,克服它的限制之所在。

虽然从第一阶段(看到全牛)到第二阶段(法则阶段)的过渡,看起来相对容易,很多人都能完成,但从第二阶段到第三阶段(道的层面)的过渡却非常少见。大多数时候,一个由法则驱动的过程就止步于此:在第二阶段,陷入了繁琐或机械的重复。如果法则自身已够充分的了,那么所有的简单劳作者都将沐浴在道中,在工厂里重复割牛的女工也同样可以接触到这个"宇宙之秩序"。毕竟,她们遵循同样的流程,并且持续数年这样做,理论上没有什么阻止她们成为更高层次的大师。那么,法则中缺少了什么呢?

每一种法则都允许某种形式的自由,因为执行它的人不必再思考他正在做的事,而可以专注于其他事情。但从另一个角度来说,这正是法则行动本身所缺少的:它缺乏遵循自然流动性的自由,或根据需要去变化的自由;它不能自我调整，因为它是固定的流程。法则是人为的，它不遵循一种自然秩序，即使它可以成为自然秩序的一部分。因为在某些时候，它太过固化，太过死板：它无法考虑外部现实，变得对其浑然不觉。它所知道的只是自己预先设定的方案：一定的行动顺序。它发现并让自己适应于某种连贯性，并被其完全占据。从这个意义上说，法则是与道相反的，它对道一无所知，它不能自由地从一个状态转到下一个状态，因为它必须提前知道要去哪里。它需要事先预测，每一步都要先确定好，所以它既没有自由，也不会妥协。法则就像某种固定程序一样，只知道自己。

为了进入下一个步骤，人需要了解如何对待自由——通过实现所学的行为而获得的自由。换句话说，必须有一种关注，一种关怀，它超越了还原主义者想要达到某种结果的欲望。人需要有意识或无意识地了解，如何去利用那些精通某种行为的能力所产生的自由空间。要创造任何东西，人都应该始终置身于法则之外，对它持批判态度，随时准备质疑这个方案的必要性。这种灵活性的代价是非常高的，因为人使用法则的次数越多，尤其是在某一局部中使用它，则脱离或改变它的代价就越高。因此，当我们被装入法则后，大脑就不那么习惯于枢轴式的转动，不那么能够识别可以"转换"的时刻。

正因为如此，任何受到法则约束的行为都会很快变得无意识，因为法则的核心是重复：它会产生惯性。一个主体重复一个动作，但心神已不在其中，意志不再决定行动过程，因为在某种程度上，行动现在能决定主体，这个行动就成了一种必然。这足以让我们看到，要消除一个习得的行为是多么困难，哪怕修改其中的一个微小细节，以让另一个系统来接管：它有自我强制性，要达到想要的结果，就必须应用它。

最后，一个人可能需要一些能量，一些激情，一些动力或爱，一些更高阶的视角，一些距离，才能不停留在法则上。某种心神必须已然出现，才能在此刻或以后表现它自己；否则，机械化行动就会自我停滞，无处进化。

一个人必须对"某种东西"有一定的热情，才能透过牛看到道。人需要有一种爱——某种内在的力量，才能超越固定程序，走出法则。尽管在行动上已有投入，但在行动之外、结果之外，总有追求。也许，存在一种真正的激情，而不仅仅是一种萦绕心头的欲望，这是平庸的钢琴家与天才之间的差别，是普通的舞者与大师之间的差别，是仅仅传递知识的普通老师和伟大教育者之间的差别。后者在寻求某种超越，因此他们学习、教授或使用法则，只为最终克服它们。但这种自由只能在必然性之外诞生，通过直面限制和约束，而不是放弃必然性。没有这个挑战和努力，人永远不会了解道，而只知自己过分简化的主观愿望。屠夫需要感知来自牛的韧带、肌腱和骨头的阻力，才能学会如何绕过它们。

那么，在日常生活中，一个人如何在学习和获得技能的同时，不沦为固定程序的俘虏呢？一个重要的工具是问题化，这是一种批判性思维以及保持距离的能力：能够看到即使是最成功的系统也有局限或缺陷，并能够具体识别出它们。这意味着，一个人永远不会把自己束缚在一个既定的结构中，而总是探寻它的极限。总有那么一个时刻，为了更进一步发展，否定是必需的。一个人的"约定"、"捷径"或"自满"，和我们的"惯例"持续时间越长，改变就越难。另一种方法是,要意识到自己正在系统地重复同样的流程。人只要有意识地去做,而且认识到它并非绝对,就有可能保持一个自由的立场。确保觉知的方法之一,是给正在发生的事情取一个名字,对过程进行界定,以便定义它、分析它、评估它。第三种方法,是看看如何以不同的方式去实现同一个目标:一个人使用同样的方法越多,他就会思考得越少。而且,原则上,人到达任何目的地,都有多条路线。

要想超越法则,一个常见的阻碍是轻率和贪婪。通常,想要发现或获得一种法则的人,实际上是希望拥有它,以便产生"魔力"。他们把法则看成一张能指引他们找到宝藏的地图,一组能立刻打开保险箱的数字密码。他们不想努力,他们想要的是结果、是奇迹。所以,如果一种法则不能让兔子从帽子里变出来,他们就会变得恼怒和受挫、失望和沮丧。他们希望结束这个过程,极其渴望完成这项工作,因为单调乏味的努力会激怒他们,它永远不够快,而且没完没了。他们是不折不扣的诀窍追求者。但以屠夫为例,要进入道,除了切肉之外,还得完成别的事情。

当然，人们可以在这里质疑整个方案，说庖丁和屠宰场的某个经验丰富的雇员之间并没有根本的区别：两人都相当有能力处理一头牛，毕竟，也许任何一个屠夫在多年重复同样的动作之后，都会变得无脑、无意识。他只是通过经验学会了一种法则，不多不少，这背后并没有什么玄机，也没有什么特别的心神来指导他的行动，只有一种习得的条件反射。而任何一个花费数年不断重复同样行动的人，也会取得同样的结果。有些人甚至会建议避免这样的做法，因为长期从事同一项活动会导致失去洞察力，消灭任何创造力，并限制对现实的感知。在这一切中，创造力在哪里？——反对者会这样惊呼。但矛盾的是，这恰恰是关键：从某种程度上说，庖丁可能是"愚蠢"的，而这正是为什么他能在道之中，也是为什么他不像文惠君那样，在意"技术"本身。当一个人把一项活动掌握得如此之好，他甚至都不会去想它了，因为到了一个时刻，不再是主体实施行动，而是"它"实施行动，这个行动自我完成了，而主体停止了认知、停止了索求。经年累月积累的知识消散了，因为不再有知道的主体，也不再有行动或想去行动的人。这就是"无为":没有意图的行动。于是,《庄子》另一个故事中的轮匠告诉桓公,他教不了自己的儿子如何使用凿子修车轮。他不是要聪明,在这一点上他其实是无知的。我们在这里到达了知识的"零点"。这种思维状态与苏格拉底的"我知道我一无所知"相呼应——苏格拉底鼓吹无知是为了提出问题,也与库萨的尼古拉的"有学识的无知",即习得性无知相呼应。两者都声称,终极的知识是"一无所知",就像耶稣所教导的,只有精神上的穷人才能到达天堂。要想成为智者,需要返璞归真,需要放下我们的知识和我们自己。因此,真正的智慧是没有智慧,真正的知识是没有知识。

## 深入和延展的问题

**理解性问题**

1. 是什么让屠夫的动作变得完美?
2. 按庖丁的说法,"道超越技术"是什么意思?
3. 庖丁和文惠君看的是同一件事吗?
4. 解牛代表着什么?
5. 庖丁和文惠君有什么区别?

6. 庖丁是艺术家吗？

7. 庖丁更喜欢经验还是直觉？

8. 庖丁的工作是操作性的还是智力性的？

9. 为什么庖丁说解牛不是一种技术？

10. 为什么庖丁十九年都不用磨一次刀？

**反思性问题**

1. 无知是知识的必要条件吗？

2. 身在道中是否意味着完美？

3. 精通可以被教授出来吗？

4. 为什么我们通常会对别人送礼物印象深刻？

5. 为什么我们喜欢展示我们的知识？

6. 我们应该为了能够理解而停止去理解吗？

7. 为什么道很难遵循？

8. 重复是知识的来源吗？

9. 定期练习一项活动能带来自由吗？

10. 一个人需要天赋以精通一项活动吗？

# 第二章

# 鱼之乐

庄子与惠子游于濠梁之上。庄子曰:"鲦鱼出游从容,是鱼之乐也。"

惠子曰:"子非鱼,安知鱼之乐?"

庄子曰:"子非我,安知我不知鱼之乐?"

惠子曰:"我非子,固不知子矣;子固非鱼也,子之不知鱼之乐,全矣!"

庄子曰:"请循其本。子曰'汝安知鱼乐'云者,既已知吾知之而问我。我知之濠上也。"

——《庄子·秋水》

【译文】

庄子与惠子同游于护城河的桥上。庄子说:"看鲦鱼游得多么自由自在!这是鱼的快乐!"

惠子说:"你不是鱼,怎么知道鱼的快乐呢?"

庄子说:"你不是我,怎么知道我不晓得鱼的快乐呢?"

惠子说:"我不是你,固然不知道你所知道的;而从另一方面说,你肯定不是鱼,这也证明你不能够知道鱼的快乐!"

庄子说："让我们回到你最初的问题。你问我是如何知道鱼的快乐的，问这个问题的时候，你已经明白我是知道的。我是从护城河的桥上知道的。"

**故事内容**

1. 相对主义（Relativism）

2. 视角主义（Perspectivism）

3. 遨游（Wandering）

4. 莫若以明（Illumination of the obvious）

5. 问题（Questions）

# 1. 相对主义

相对主义提出一种教义或信念，即某个特定的真理并非普遍适用，而只能在不同的维度中及相应的背景下去评估。相对主义假定观点与认知、情感和心智范式的差异有关，所有的判断都是在特定的条件下产生并确定的，比如个人情况、语言限制、文化体系等等。因此在逻辑上我们可以得出一个结论，即不存在所谓的普遍的客观的真理，因为每个观点都有属于它的真实性与合理性。不同类型的相对主义在范围及强度上会有所区别。它主要会影响道德层面的问题（决定好与坏来指引我们的行动），以及认知层面的问题（决定真与伪来判断知识方面的主张）。总体来说，相对主义试图避免不同类型的投射，比如民族主义：用我们自己的文化标准来评价异族文化。社会建构主义则认为可以在特定的文化背景下对判断与规范进行评价。一种被称为后现代主义的当代相对主义，其主要观点就是拒绝承认"宏大叙事"，支持这种对"真理"的批判的理由是：那些被认为是"真理"的东西并没有像人们所坚信或声称的那样建立在逻辑或经验数据之上，而是依赖于"广为流传的故事",即我们对世界的认知所基于的社会惯例。这种观点反对人类学不变量理论,因为没有任何人类的价值观或准则是绝对的。从很久远的年代,例如古希腊时代开始,就产生了不同流派的相对主义,这些流派不仅从本体论的角度(现实的某些客观基础),也从认识论的角度(固定的知识模式),去指责先验的观点。古代相对主义思想的一个很著名的例子就是柏拉图引用哲学家普罗泰戈拉所说的"人是万物的尺度",因为我们"感知"事物的方式决定了它的"真实情况"。

在此情境中,我们有必要提到一个重要的后现代主义概念:解构。它最初由马丁·海德格尔提出,后被雅克·德里达发展。它对传统西方哲学最根本的批判是:西方传统哲学预设并偏好逻各斯原则、理性,以及在场的概念——存在某位神秘却未出现的"创作者"。所有这一切都暗示着某种一致性,某种对言语的超常的统一性,是被滥用了的"逻各斯中心主义"。解构这一概念的根本思想立场是针对诸如人文主义等现代性中的传统意识形态的一种批判与质疑,一种自由与决裂。与"教条式"的世界观相反,它提出了"不在场"和"踪迹"的概念。在这个范式中，人类文化被认为是散乱的多个"符号"和"标志"，"创作者"未出现。因此，人们应当通过找到含义上的混淆、盲点、遗漏以及自相矛盾之处来分析言语，而非通过某些"统一的原则"。这种做法将通过解构内容的"客观性"来揭示言语的真相，打开新的意义空间。由此而确定的差异和对立永远无法在逻各斯中、在合理性或给定的概念中被再次吸收：它们只是纯粹的多数和随意的存在。这个给定的多数是生命和意义的范围，往往是散乱的。

批判相对主义的理由有很多。从单纯的逻辑角度来看，声称"每件事都是相对的"或"没有绝对的真理"本身就是自相矛盾的。如果这些主张被认为是真实的，那么它们必须能够应用于自身，否则它们就会变成错误的，因为这些主张同时认可和否认普遍性。最常见的情况是，人们通过借鉴科学及其大量观察与实践的证据来批判认知相对主义。通常，从唯物主义的角度来说，支持抑或破坏生活和福祉以及保护环境的那些标准会被用来批判道德相对主义。与习俗和传统一样，宗教教义是另一个重要的攻击角度，宗教强调从启示的角度明确善行与恶行。最后，相对主义会被认为是一种懒惰或自以为是的思考方式而受到批判。相对主义常见的态度是"什么都要视情况而定"，但其对这种"视情况而定"的本质却浑然不知，含糊地将知识的复杂性理论化，阻止任何判断，遏制思维的任何进步。

在当前的情形下，庄子和惠子都可以观察到鲦鱼在水中游动，"看鲦鱼游得多么自由自在"。对这些作为经验数据的观察，二者没有产生任何对与错的辩论或争议。但是当庄子对鱼的"感受"、动机以及它们的快乐做出"这是鱼的快乐！"的断言时，惠子开始介入并否定庄子有发表该言论的正当权利。庄子不仅不能这样说，甚至不能这样想，因为在惠子看来这样的判断毫无根基。这种判断就是康德所说的"综合判断"，因为它不是简单地以观察经验或数据为依据而形成的，而是借助了常识和推理构建而成，大脑将这些常识和推理应用于一个特定的现象、对象或情形。可以说，无论我们对庄子的猜想赋予什么价值，他都是在推测，而这恰恰是惠子反对的地方。惠子认为这种推测"仅仅"是推测，是"空洞"的；人们可以看见鱼"出游"，但无法看到鱼之"乐"。庄子的这一判断是将观察经验与我们所理解的与现实相关的推理和知识相结合，是认知上的跳跃。

当然，许多读者会倾向于支持庄子的立场，反对这种"不公平"的批评，因为他所说的似乎符合我们对常识的看法。但是，让我们换个角度来进行审视，在不同的角度之下这个批评也许是有意义的，至少是可以被接受的。在这个故事中，我们更感兴趣的是构成对话实质的知识范式，是这段描述所展示的利害关系，而不是"鱼之乐"真实与否。第一个批判相对含蓄，是针对该陈述的明显的笃定态度：庄子似乎对自己的判断充满信心，他说话时好像对正在发生的事情很确定，因为他的言语中没有表示出任何疑虑或主观性因素。第二个批判是对人类中心主义的指责：庄子不是鱼，他是人，所以他只能把他的人性、人类功能、人类的偏见投射到鱼身上。但这样做没有任何意义，因为那些动物被赋予了完全不同的天性。惠子虽然接受了本可以拒绝的"乐"的观点，但他向庄子否认了能够确定鱼因何而乐的可能性。他问"你怎么知道鱼的快乐呢？"但这是一个反问，它的意思是，"你并不知道鱼因什么而快乐"，而且"你不可能知道鱼因什么而快乐"。

一向爱开玩笑的庄子决定采取"柔道"之术，延用对手的"逻辑"，以其人之道还治其人之身。"你不是我，怎么知道我不晓得鱼的快乐呢？"换言之，他进一步推动了相对主义，声称"庄子非鱼而不知鱼之乐，惠子非庄子而不知庄子所知"。庄子采取了与他的对手相同的说话形式，即反问，从而让回应持续具有反讽效果。

现在让我们说说时常出现在《庄子》中的惠子。他是庄子最喜爱的睿智的对话者。他（约公元前380年—前305年）是战国时期的一位政治家和哲学家，名家思想的主要代表人物。他可以被称为柏拉图所定义的智者派。智者派指的是知识渊博的人，通常是教师，擅用哲学和修辞，对文化有广泛的了解。柏拉图将智者派与哲学家对立起来，因为后者寻找真理和智慧，而前者已经掌握了真理和智慧，并且主要活动是证明自己是对的。可以说，在这件事情上态度的差别是至关重要的。智者派奉行"诡辩法"，他们争辩的目的是证明自己的观点，而哲学家则喜欢用"辩证法"

检验观点以探究思想和知识的本质。例如，我们从本文中可以观察到，惠子喜欢从较为怀疑和相对主义的视角制造关于时空相对性的悖论。文中形容惠子对逻辑和语言很挑剔，但却无法领会与世界进行交流的庄子所表达的深刻的真理。惠子一本正经的思维方式也无法让他理解对话者的俏皮和幽默的一面。虽然他被描绘成颇具同情心的人，并且可能是庄子最好的反驳者，但他聚焦于细节，不够专注，他迷失在自己的知识和小聪明中，以一种毫无意义的方式玩弄文字。他在文本中的作用使我们想起了在柏拉图的对话中，苏格拉底对待普罗泰戈拉和高尔吉亚等智者派的方式。惠子有时幽默，有时故意令人生厌，他通过支持另一个批判性的立场起到引发思考的作用，常常用怀疑的或相对主义的视角对待庄子的言辞。

对话者的逻辑反讽显然将惠子逼到了墙角。因此，在接下来的对答中，尽管他承认摆在面前的逻辑，但他从原本激进的相对主义立场中撤出，以一种颇为有力的方式做出了一个笃定的判断："子固非鱼也。"他不仅陈述了"现实"是什么，而且还添加了强硬的副词"固"。言外之意是，在我们的认知过程中总会存在某些确定性，即便坚定的怀疑论者也这样认为。这与我们的哲学家的两个基本思想相交汇。第一是"莫若以明"，这个基本思想支持这一陈述。这个重要的概念我们会在后面谈论。第二是"存在之大化"，这是一个有趣的概念，是与明确的分别背道而驰的原则，我们后续也会深入讨论。但现在庄子所展示的重要哲学问题是相对主义立场在某个时刻必然会遭遇自我的灭亡：它不可信，从长远来看也无法自圆其说。其次，更广泛地讲，我们会遇到这样一种观点，即任何范式都有其局限性：没有任何一个确立的思想体系可以穷尽现实，任何范式都有其自身缺陷。这就是为什么在《庄子》中我们看到许多视角的转变，尽管它不具有相对主义的本质。

有时，如果仅仅根据第二篇的题目《齐物论》来看，人们会忍不住想将庄子归为相对主义者。确实，我们读到很多故事，在故事中看似不平等的其实是平等的，比如"朝三暮四"的故事。他确实让我们从无等级差别的不同视角去超然地看待现实，因为每件事物都有自己的位置、自己的天性，而每种现象也都有由其本质所决定的价值，这就使得各种论点齐平了。而这一点主要是对儒家思想的批评，因为在儒家思想中，等级制度无处不在。庄子认为这种等级制度的观点被滥用了，是不合理的，甚至是不公正的，比如在社会结构中。但是如果过于从字面的角度或用激进的方式来理解，也会存在问题。那样的方式会使庄子不得不因此承认他自己的立场其实也并不比他所批判的立场高明。他也不得不认识到，他的道家哲学与儒家思想相比其实并没有进步，也并不比在逻辑上咬文嚼字的墨家更有远见。这是庄子不会认可的后果，这个简单的迹象说明，对他的作品进行激进的相对主义的诠释是一种误读。

## 2. 视角主义

视角主义这种观点认为感知、经验和理性会根据观察者的相对视角和解读而变化，因此对事实或价值的判断是根据情境来决定的。这表示没有哪种看待世界的方式是确定的或者是永恒的"真理"。但不同于相对主义，这并不意味着所有视角因为出于纯粹的主观选择而具有同等有效性，或者相互排斥。它否认无视角的世界观，即人们的思考就像上帝之眼一样完美地与现实吻合,甚至是无需解读的客观现实。其结果就是不存在纯粹的客观事实,也不存在任何关于物自体的知识。任何评估都无法超越文化构成或主观认定,并不存在道德上或认知上的绝对。根据具体观点的具体情况,规则和原理(哲学的、科学的等等)被不断地再评估。然而,通过将不同的优势整合在一起,让"真理"成为可能。这些不同的观点仍然会被比较、被质疑,但却不需要去除其中任何一个。每一个观点都在其各自的情景中被考虑和采纳,从而增加了所研究命题的总体客观衡量标准。

视角主义是一种介于理性主义和相对主义之间的、平衡的哲学解决方案。理性主义的真理是普遍的真理,但它没有生命,因为它是抽象且形式的,甚至是教条主义的,而且不允许任何具有实质意义的独一性和差异;而相对主义的真理是有限且单一的真理,因为它只适用于某些群体或个人。视角主义介于二者之间,认为真理建立在合理的、坚实的视角之上,该视角基于某个特定的观点,与其他观点相互补充。最著名的视角派哲学家包括蒙田、莱布尼兹、尼采、布莱斯·帕斯卡和奥尔特加·加塞特，我们还会把柏拉图的名字也添加到这个经典名单中。视角主义肯定了捍卫以下观点的哲学教义或体系：现实是由我们对世界所拥有的不同观点的总和所组成的。换言之，是我们对现实的不同观点的补充和对抗构成了现实。它否认一个观点，即无论具体情况、文化背景及主观喜好如何，人类都可以接近一个先验客观的且普遍的现实。离开认识主体的视角，就不存在客观事实本身，也不存在对一件事物的认知。因此，没有绝对的形而上学的、认识论的或道德层面的基础，也没有任何特定的立场或范式可以在程度上、有效性上和影响力上无懈可击、无穷无尽。在这种情况下，一个视角不是简单的虚构，不是想象的幻觉，不是单纯的捕风捉影的、肤浅的观点，而是现实的真实维度；事实上它恰恰是现实的组织和构造。

尽管视角主义具有某些明确的特征，特别是在阐述多元化视角，即对真理的复合理解方面，但它可以在风格、性质或态度上有所不同。它或多或少地具有包容性，或多或少地具有批判性和论战性，或多或少地捍卫着对世界或本体论的某种观点。蒙田主张时空观念的变化，并且将其应用于对"自我"的研究。布莱斯·帕斯卡在他的几何学中向人们展示，根据投影的平面位置，同一个圆锥体会展现完全不同的几何图形。而在哲学领域，他写道："事物的对错与否取决于我们从哪个面去看待它们。"

让我们来看看莱布尼兹的情况。他乐于认同所接触到的大部分想法，并补充说大部分的思想流派"所主张的都是有道理的，而所反对的就不尽然了"。他的本体论认为世界是由无限的被称为单子的物质构成的，这种物质不可再分，每个单子都用特有的方式反映宇宙。他对人类知识的任何方面都感兴趣，与同时代的思想家们保持着密切的联系。他试图让许多基督教堂团结起来（并未成功），并尝试调和例如柏拉图、亚里士多德、德谟克利特、笛卡尔、洛克等不同哲学家的观点。与假装漠视前辈的笛卡尔不同，莱布尼兹大胆地深刻理解诸多先前的教义。他首次在哲学史上看到了进步，即"永恒的哲学"的演变，它随着思想和流派所逐渐展示出的多样性而变得更加深刻和广泛，这正是黑格尔最终将继承的观点。他也是首位对中国哲学发生兴趣的西方哲学家。他更是折衷的,而非融合的,因为他并不试图合并或统一诸多体系或教义,而只是试图识别它们的普遍原则,并得出与之相关的普遍结论。例如他提出的著名的"充足理由律",这一原则通常被视为古典逻辑的一个主要定律。它指出,每个现象必然有一个能够被理解的起因或依据,否定了任何非理性事件或无法解释的事实的可能性。

正是这些普遍原则防止视角主义滑向相对主义:多样性遵循着某些有序变化的原则,避免了随意性和偶然性,它不是散乱的。各种观点也可以依据其不同的延展性、影响力和普遍程度被分级。例如,一个考虑"他人一席之地"的道德规范比独善其身的道德规范能够更好地运转。从这个意义来说,在多样性当中,视角主义的思想总是在寻求某种一致性或统一性作为一种规范性理想,同时又清醒地意识到多样性实际上构成了现实。统一性并不明显,它总是悄悄溜掉。因此,在同样的基础上,一个特定的行为可以同时被认为是好的和坏的,一个特定的命题可以同时是真的和假的。人们可以说它是辩证的。

同样地，人们可以说柏拉图的作品也是视角主义的。这并不是因为他的作品不包含任何特定的教义，而恰恰因为通过对话这一形式，我们看到了多种教义。每种教义在辩论功能的范围内都是真实的，并在一个具体的对话情境中用坚实的方式被表达并证明其正确性。例如在《会饮篇》中，柏拉图展示了一个苏格拉底总结出来的关于爱的不同的概念。所有的发言都可以被认为是真实的，它们代表不同的观点——肉体之爱或精神之爱，这些观点不仅没有被否定，反而被苏格拉底纳入了一个更为广阔的视角。对开始的那些论点的概述因其令人信服而不会被认为是虚假的或错误的。我们既没有得出不存在"真理"这一结论，也没有得出"真理"是独特而明确的这一结论：我们被鼓励去认同一个观点，那就是我们只能从那个"真理"当中获得多种和局部的视角。虽然对柏拉图而言只存在一种现实，但视角主义的原则却指出这种统一性无法被任何独特的、明确的表达方式所阐述。每一种表达都会被特定对话的情形和具体关注点所影响，从而导致无法减少的观点的多样性。因此没有终极的教义，只有与特定对话语境相关的结论，或者从更普遍的角度说，只有我们在苏格拉底的很多对话中所观察到的非结论或死胡同。

问题并不是柏拉图的对话录中没有教义，而是教义众多。所有的假设都是临时的。读者会遇到很多矛盾之处，例如用许多不同的和相反的方式探讨灵魂的本质，即灵魂是一还是多。许多假设昙花一现，它们遭到反驳并迅速消失，但这并不影响这些假设是有趣的并引人深思的。这也是为什么我们应当充分公正地看待这些对话的文学性和戏剧张力的原因之一。我们不应落入一个陷阱，把对话当成纯粹的没有积极哲学内涵的文字游戏，认为它们只不过是某些显性或隐性的道德的装饰物，苏格拉底的对话者仅仅是虚荣的角色或愚蠢的跟班。即便我们能够识别出作者对某些哲学立场有所偏好，主题的互换和变化也营造出一个背景，为这种偏好赋予了必要的深度和含义。事实上，我们可以更喜爱一座雕像的某个特定角度，或者认为某一个侧面更有意义，例如正面比侧面更有意义，但是对所有角度的刻画让我们能够更好地理解和感知雕像的真实情况，这一点超越了所有的视角。《巴门尼德篇》是另一个很好的例子。在这本著作中，各种不同的本体论得到检验。主角是两位重要的哲学家，埃利亚学派的巴门尼德和芝诺，和少年苏格拉底一起审查一体性或非存在的问题，讨论"一"或存在的首要性。他们仔细探究关于这个问题的方方面面，以便引入一种关于存在的非独断的视角，而这与巴门尼德把"一"放在首位的僵化做法正好相反。

现在让我们来研究《庄子》。这部作品展示出类似的视角主义，这在中国哲学和文化传统中非常罕见。这一哲学态度最引人注目的表现就是这部作品庞杂的特质。在简短的分析进程中，我们看到了许多场景、神话或不同性质和起源的轶事，通常是异乎寻常和不可思议的。作品中充满了人类、动物、寓言、神秘的生物，他们的故事明显不合逻辑，往往高深莫测、隐晦曲折。这一文学形式其实很容易让读者产生强烈的厌恶和反感，人们会感到生疏和迷失，无法理解局部或整体的意义。但如果保持一定的耐心和距离，你就会发现，为了能理解这些碎片式的文字，你需要专注于阅读的当下。同时为了能领会那些奇怪的小插曲所展现的问题，你需要保持足够的灵活性。如果读者想寻求系统的阐述、清晰的论著、明确的信息，那么他将会感到困惑、失望甚至是愤怒。第二个展示视角主义的方面是对话这种形式。对话的出现通常用来展示一个问题。首先，有很多先贤或其他著名的哲人，比如本故事中的惠子，当然也有老子、孔子、墨家的意而子、道家的许由等人，他们会进行各式各样的对话或辩论。孔子是他最喜爱的角色之一，以许多不同的方式出现。有些描述忠实于历史形象，而有些却背离人物原型，描述方式有时离奇，有时充满假想，有时甚至是不恭敬的。要点是在形式上不过于枯燥，通过让读者感到惊讶甚至震惊的方式来激发其思考。读者所受僵化之苦的程度有多大，阅读《庄子》时的挑战就有多大。在读者身上产生影响，让他从思维常规中醒悟过来，这是言语的述行性维度。无论是学术性元素、故事或宗教信仰，所有这些被引用的传统内容都以很松散的方式呈现并使用。他的对话中出现非常不同的人物类型：统治者、强盗、畸形者，甚至是怪物、教师、匠人，尽管对他们言辞和行为的描述手法常常是非现实的，或者可以称为超现实的，但每一位人物都代表看待现实的一个特定的视角。

因此当我们看到蜩、斥鷃、青蛙、海鳖或学鸠这些动物之间的，或者例如影子、半影或混沌这些抽象的形象之间的对话或互动时就不会感到惊讶了。

我们以"井底之蛙"这个故事为例。作者花了不少笔墨来描述两种快乐的方式："小乐"和"大乐"。两种描述都很有说服力。只是到了文章的最后，在一个很小的细节上他透露出两种形式的高下之分。青蛙"目瞪口呆"，暗指"渺小"的无法领悟"广阔"的意境。因此，《庄子》其实并没有失去连续性，它是有方向的，具有整体性，在不拘一格的结构中有规律可循。《庄子》中甚至有本体论，比如在"井底之蛙"这个故事中所展示的"道"这种思想就是一种先验的概念。但我们从老子《道德经》的第一章中知道："道可道，非常道，名可名，非常名。无名天地之始……"因此，以任何具体的方式去命名或解释万物的"真相"是毫无意义或者不可能的，我们只能间接地传达。正如其他视角主义思想家一样，对于"绝对"超越一切语言、理论和经验主义的现实，我们只能通过观察它在俗世中自相矛盾、似是而非的踪迹将其暗示出来。

庄子不是一位相对主义者：观点对于他而言不是纯粹的主观性或简单的意见。他希望他的读者去思考并进入更深层次的、重要的本体论、认识论和存在论的问题。正如我们所提到的，这大概是相对主义和视角主义的主要区别：前者主要描述了实际情况以及散乱的、纯粹假定的事件或随意的主张；后者则通过鲜活的多样性打开了不同的意义空间，但暗示或试图唤起一些构成这种多样性的无法捕捉的现实。庄子一定属于后者。在《庄子》中，"道"和西方的逻各斯发挥了同样的功能：在多样性背后有着普遍成因或共同原则。我们知道人类因"意图"而远离"道"——在今天我们称之为主体性。通过很多隐喻，庄子让我们去感知某种超凡，例如万物之"本源"，比如以"天地之母"为特征的"混沌"，或者现实这一所有存在的度量尺度的无限维度，又或无限的因果关系，以及受《易经》启发而产生的"大化"这一万物转化过程。同时，在认知的层面，有一种永恒的辩证法：一个观点会变成其反面，不断地被重新评估，将判断的内涵从正面转向反面。这不仅是对模糊性的践行，也是"莫若以明"。它让大脑停止复杂的运转而仅仅去接受展现给它的那部分。所有不同的场景和想法都让人懂得并强化了对这些矛盾原则的体验。从某种程度上，这处理了人类关于"外道"的问题。

## 3. 遨游

庄子将他作品的开篇命名为《逍遥游》，也就是"悠闲地漫步""无目的地闲逛"，或"遨游于之外"。逍遥游是无目的地从一个地方去另一个地方。逍遥这个词的意思是"自由，自在，悠闲，自然"，它反映出道家理念，与自然和谐相处，为了能拥有健康和平静的生活而远离社会生活的焦虑和危险。它传达了那些已放弃世俗的拥挤和喧嚣、在郊外——也许是山林间过着悠闲生活的人的想法。但同时它也指一种精神状态，指那些不为外界诱惑所动、不被外界纷乱所打扰的人的平静内心。这些人就像"呆若木鸡"里面的那只公鸡，不允许自己被任何社会强加的压力或烦心事所打扰。相比实际的物质情形而言，道更主要的是自我把控的问题。

第二个字"遥"是"距离"或"超越"的意思，暗示着要超越熟悉的边界，摆脱重复和常规。我们通常把自己限定在社会角色中，让我们的期望、价值观、对事物的日常理解来决定我们。根据庄子的观点来看，这种行为不足以更深层次地欣赏事物本质，不足以更有效地与事物产生互动，也不足以更充分地理解现实。我们需要把自己从阻碍我们用新方法看待事物和事件的偏见中解放出来；我们需要探寻如何构建和再构建事物的边界。但只有当我们自己已经"遨游"于熟知的边界之外时才有可能这样做。只有通过释放我们的想象力，我们才能重新认识自我和我们所处的世界，才能开始理解自然演变的更深层的趋势。我们被这趋势所影响也由这趋势所构成。通过为我们僵化的偏见松绑，我们让自己更接近事物本身强大并丰富的自然方式，更接近"道"。我们可以把这种态度与"无为"联系起来。"无为"就意味着无意图的行动，因为行动是自由的，能够自我指引，它不会受制于或迁就于某个特定的结果。所采取的行动完全是为了行为本身，为了它本身的价值和利益，而不是还原主义者为了某种结果所接受的纯粹的手段。但这并不仅仅是跨越横向边界的问题。庄子经常把"漫步"和"翱翔"连接在一起,把横向和纵向连接在一起。事物会上升到一个新的高度,在这里,以前重大的区别失去了其至关重要的意义。

横向或是纵向产生了大小之别。"小知"受其局限性的限制和界定,它不可能与"大知"相比较。事实上,"大的"或许会忽略"小的"所观察到的细节,但它仍会因其自身的广阔而拥抱"小的"。而"小的"呢,恰恰因为它的渺小而无法回应。当然在"小知"心中,超脱于日常事物之上的"大"是无用的。一个驰骋的想象或许是狂野的、精彩的,但它完全不切实际并通常毫无用处。因此,在其他的段落中,惠子正是因为这个原因而指责庄子。庄子表达了对惠子的失望之情:无法感受无用的有用之处是对精神世界的视而不见。与在日常层面的现实事物中所感知到的相反,无用也有用。它对于"神"有熏陶和滋养的作用,帮助人们的生命得以绽放,但这不能与"成功的"生活相混淆。绽放的生命状态从传统的思路来看并不那么有吸引力,因为人们为了要怡神养性(本性及生命的潜能),需要放弃世俗的勃勃雄心,并在相对贫寒的状态中隐退。

在本章的故事里,"庄子与惠子同游"这句话一下就把我们带入到"逍遥游"中。我们无法不注意到二人没有目的,氛围是宁静的,环境是有益于轻松地对话和沉思的。同时故事发生在河边,除非特别说明,这常常预示着一种无忧无虑的、缓慢而蜿蜒的自然景观。最后,两位同伴一定是在凝视着水底,因为他们提到了鯈鱼的出游。文本从另一个方面再次向读者明确展现了整体环境的平和。但对场景的描述不是偶然的:正如我们此前提到的,这对思考是至关重要的,它构成了让适当的思考这一有助于保持清醒头脑的活动成为可能的必要条件。

在总结这个概念之前,我们对于"遨游"还要提出最后一点。这一点在本故事中不明显,但在第一章《逍遥游》中更加明显。在那个故事中,庄子将两种不同"形式"的遨游对立起来。第一种是大鹏的翱翔。大鹏是从巨大的鱼变化成的巨大的鸟,它在高空飞翔数月,向南海迁徙。南海是天然形成的大池。还有一种是蜩、学鸠和斥鴳在"蓬蒿之间"的叽叽喳喳、飞来飞去。后者讥笑鹏的努力,对它们而言,如此遥远的旅途看起来非常辛苦、非常艰难,完全是荒唐的。它们认为自己是自由的而鹏却不自由,因为遨游应当是一场不费吹灰之力、愉悦且毫无目的的旅途。它们说:"它还想飞到哪儿去呢?"作者随后解释说"小知不及大知"。鹏其实并非努力往高处飞,它飞得高恰恰因为这就是它不费吹灰之力飞翔的方法。"它凭借大风飞行,背靠青天而没有什么东西可以阻碍它,然后才开始谋划飞往南海。"对这些小动物而言,在高处飞翔是很吃力的,因为它们把自己局限在对飞翔的特有的理解之中。向"南海"而飞的鹏的目标实际上暗示出一个与天道相吻合的彻底的非限定性,而小动物们的自由的遨游显然是充满了身体的局限性和一系列微不足道的企图的。"小世界"与"大世界"之间的对立是《庄子》一书中不断出现的思考。也就是说,遨游不是简单的自然和自在的行动,而是需要习得的能力,否则"逍遥游"就不够逍遥。现在回到关于鱼之乐的故事中来。如果说庄子悠闲自得地散步是因为他能够觉知到眼前的事物,那么惠子则不是,因为他心怀成见,特别是想对任何事情都挑毛病、想显示自己有多聪明。自身的局限性让他盲目和固执,让他无法拥有足够平静的内心。在庄子看来,"真理"无需寻找,它不是一个需要钻研的具体的反思对象,也不是执着的对象,而是令人可以安住的场域,一种心境,一种令人觉知的深思。这就是"逍遥游"的本质——一种境界很高的精神状态。

## 4. 莫若以明

庄子说的第一句话"看鲦鱼游得多么自由自在!这是鱼的快乐!"是基于所描述的场景的:他与身边的景物融为一体,与生命的过程和谐一致。这句评论属于他所说的"莫若以明"的范畴。正如作者所解释的,这样的条件适用于关于一个现象的判断,是在某种情境之下,以"众生的日常运作"为基础,而不是作为一种绝对的或者基本的真理呈现。庄子的这句话并没有假装是"言之凿凿""有理有据"的,更没有假装是"正确的"。与这种态度相反,惠子则是一名雄辩家,因爱与人小辩不休而为世人所熟知。他随时准备与人进行关于逻辑或语义的争论,这类的争论有比如中国著名的关于"坚白",即关于本质的辩论,它吸引了一代又一代的文人学者。他无法自拔,愤愤不平,在与庄子的大多数对话中他的主要做法就是提出形式上的反对意见，用一种肤浅的方式和强迫性的提问来阻挠坚实的思考过程。这些都是耍小聪明的行为。惠子同时还希望能赢得辩论，让他的对手显得无能。这与苏格拉底系统化的提问不同。苏格拉底的提问虽然很尖锐，但是能帮助对话者通过"净化"过程获得力量。而惠子则和所有智者派一样，习惯于通过摧毁对手的手段来彰显自己的力量。他被强烈的意愿、明确的目标、自我炫耀的心理所驱动。庄子享受与惠子的讨论，惠子是他最喜爱的诤友：他既会因为惠子的严谨而赋予他完美的品格，又会补充另一种看法："他因试图将自己的艺术传递给他人而扭曲了艺术本身"，也就是说他因努力想被听到而堕落。庄子总结道："他以逻辑争辩的黑暗而告终。"对惠子的死，庄子很遗憾，并在他的墓前充满讽刺地说："吾无以为质矣！"

与惠子的焦虑相反，庄子是顽皮而有距离感的。他游戏于辩论之间，他模仿对手，他嘲笑对手。为了能够产生新的洞见，能够让我们从全新的无法预测的视角来审视现实，他甚至违反逻辑。他享受自由，在那个情形下开玩笑，寓教于乐。从某种程度来说，他不像苏格拉底那么紧张，因为后者想要获得些什么，至少在形式上期待着答案和真理，而前者则实际上追求"无"："意图"恰恰是道的主要障碍。他把他的道路称为"超越了完美和不完美"，或者"滑疑之耀"。他也把这个称为"两行"，他解释为"是以圣人和之以是非，而休乎天钧"。如果用更清晰更概念化而不那么隐晦的方式，人们可以像笛卡尔一样使用"临时真理"这个描述。这一概念为他捕捉到一个理念，即在特定的背景下、为了特定的目标、出于所有实际目的的考虑，一个特定的判断作为可行的最优选择可以被认为是真实的。例如备受理性主义哲学家青睐的重要标准"清楚而分明的感知"，我们可以说它是可靠的，但绝不能假装它是绝对化的。它是真理的一个必要条件，而且也能够暂时发挥功用，我们将坚定地使用它，尽管它可能在任何时刻消亡。这一策略对笛卡尔而言是避免"恶魔天才"陷阱的最佳方法。由于这个"恶魔天才"是个威胁，会削弱规则的真实性，"创作者"就承担起尝试建立规则的重担，即便是暂时的。他提出将清楚和分明作为发现真理的普遍原则的保证。"只要我曾经认为清楚而分明的事物存在一丁点儿错误的可能性，那就不足以让我确认它的真相。"即便我们无法确认真相，"临时真理"也会起到为现有的知识填补空白的作用，因为知识在这种框架下被认为是以概率大小而存在的。因此限制、瑕疵或虚假不代表任何针对阐明判断的限制性障碍。

我们在这里可以提醒读者，庄子的认识论定位与他的本体论看法相呼应：道由混沌而生，意味着混沌在世间的"和"上留下痕迹。所以"滑疑之耀"是现实的组成部分，而不仅仅是由我们心灵的脆弱与局限而造成的。在这个观点中，人们可以带着信任和自信、在完美的独立和自由中"驾驭"所有的变化。这让庄子能够平静地宣称"这是鱼的快乐"，而当疑心重重的惠子挑战他时，他只是总结道："我是从护城河的桥上知道的。"这是"莫若以明"的极好展示，抓住了他"逍遥游"的时刻。同时，他也没有过分简化或洋洋自得，因为他运用他的艺术，观察惠子的"逻辑"，并以其人之道还治其人之身，将其运用在惠子身上。"让我们回到你最初的问题。你问我是如何知道鱼的快乐的，问这个问题的时候，你已经明白我是知道的。我是从护城河的桥上知道的。"在反驳中，庄子用惠子反问句的字面含义向他展示，惠子在自己的表述中已经预设了庄子清楚地知道鱼是快乐的，只是要求他具体说明是如何知道的。他将"莫若以明"应用到谈话中，正如他将其运用到其他现象中一样，对他来说这是经典的做法。这让我们想起维特根斯坦为了避免在哲学工作中非常普遍的语言陷阱所做的分析，这一分析可以被称为唯名论解释。两位主人公在对话中都玩起了游戏。但当惠子变得难受并试图阻止庄子提出任何假设时，他开始无聊地重复自己。而庄子则以游戏的心态进行辩论，保持平和与放松的状态，让自己能够产生观点。

这个故事中还有另一个要素证明或解释了"莫若以明"。因为庄子站在桥上，所以他说："我是从护城河的桥上知道的。"护城河的基本功能是保护城池，防止敌人从外部入侵。护城河通常将内外领地区分开来，将文明与野蛮区分开来，将敌我区分开来。它起到了城墙的作用，将一个空间划定出来，围合起来，并将其从其他空间中分割出来。边界线通常是用于区分和确定身份的：它产生差异。这个差异指的是观点和事物相对立的"这个"和"那个"。而这正是庄子与惠子在这一段所讨论的内容。惠子认为庄子与鱼的身份有别，所以他无法了解鱼的快乐。因为各自不同的身份，二者之间既没有连接也没有途径了解对方的感受和知识。因此当庄子被问到他是如何知道鱼之乐时，他回答说他知道是因为"他在护城河的桥上"。在这里，他将两个对立的双方联系起来，并且在两个分离的身份之间架起了桥梁。他高于并超越了分离。他从一个既非庄子也非鱼的第三视角来观察鱼群，但又克服了二者之间的差异。正是从这个在桥上的视角让他能够了解鱼的快乐。而那个视角、那个焦点、那个中心恰好代表了道。道让"莫若以明"成为可能，因为它生出万事万物，是一种超越同异和身份的视角。

苏格拉底为真理而辩论，惠子为获胜而辩论，纳斯鲁丁为开心一笑而辩论，庄子则为了无而辩论。"为了某事"这一表达说明存在一个目的，一个兴趣，一些我们想实现或保持的东西。因此我们有个方向，而这个方向为我们的行为赋予了意义。无意义的行为是没有任何目标的，因此也没有任何意义。无意义的事物是毫无意图的。"无目标"是散漫的，它变成了"什么都行"，一个彻底不明确的实体。"做什么都行"说明我们的行动可以是任何事情或任一件事情：它不会产生差异。它既可能是合适的，也可能是不合适的，所以它不会引起兴趣、它不重要、它没有意义，因为这个"什么都行"可以被任何一个"什么都行"所替代。发生了什么不重要，做了什么不重要，因为结果都一样。"不管你说什么"，你的话都不令人发生兴趣，它对听者没有任何影响，它意味着无动于衷。

这种无动于衷在庄子身上司空见惯。对"这个或那个"无动于衷，对"这个理论或那个理论"无动于衷，他批判许多无用的讨论、无用的立场，特别是一成不变的坚决的立场和公认的观点。尽管从他的"无立场论"出发，所有"立场"都应被批判，仅仅因为它们有"立场"。我们从他的文章中看到，他提出"遨游于不同的视角之中"的观点，如同人们在乡间闲逛，没有具体目的，也不会执着于某条固定的小道上。

当然，我们可以批判庄子缺乏方向和视角。这种态度的后果会令我们看不到任何其他事情，让我们被"此时此地"和眼前的紧迫所吞噬或羁绊。可以说这是不合理且狭隘的视野。但实际上为了理解道家范式的转变，人们必须在元认知层面上提升。重要的不再是方向，不再是"我们何去何从"，不再是坚定的意义或视角，而是被召唤的态度以及它的认知含义。不坚持确定的观点让我们变得通达，因为我们的大脑没有被具体的目标或定位所占据或控制。于是我们才会对万物的统一性、本源、源泉，以及赋予有形以形式的那个无形的自然，即道，保持开放的心态。

写到这里，为了让这一观点的古怪之处变得"平庸化"，使之更容易理解，读者不妨呼唤一位能够呼应这种观点的西方哲学家——库萨的尼古拉，一位文艺复兴时代的德国基督教哲学家、数学家和科学家。对他而言，有两种寻找绝对的方法。"绝对"是一个可以从宗教术语去理解的概念，但在他看来"绝对"可以构建并指导我们对真理的探索，这可以被称作认识论视角。对一个人来说，绝对脱离了任何限制、任何约束、任何再分和任何条件，因此它是万物的统一、万物的成因和原则,允许万物存在的那个存在。也许称其为允许所有存在的"非存在",也就是上帝,会更恰当,因为它既是自己的成因,也是其他一切的成因。但在他看来,绝对也用另一种方式"表现"为"还原的还原",或"缩减的缩减"。换句话说,绝对不仅出现在极大中,在无限的宽广和强大中,在无条件的永恒中,还出现在无限小和极小中,这是让独一性成为独一性、成为一种或"局部的"、"被缩减的",或"被再分的"绝对。个体具有不可再分的性质,具有无可替代的现实,是思考的极限。这和莱布尼兹提出的被称为不可分的同一性原则相呼应:这世界上不同的物质或实体不可能具有全部相同的属性。假设两件事物不可再分,就是在假设同一事物有两个命名。它指的是没有两个不同的物体——例如两片雪花或两片树叶——会完全相同。从这个意义上来说,在任何实体中都存在某些"绝对"。

所以,在我们和世界的关系中,每个实体都唤醒或呼应着绝对,每个"被缩减的绝对"与"未缩减的绝对"都是同体的。通过"道",我们在《庄子》中也遇到这点。每个存在都有自己的道,与道本身具有同样的本质。但为了得道,我们应当停止对事物预先建立的观念,保持通达的状态。在这个情境下,我们才能接纳,才会为"莫若以明"做好准备。通过忘却,我们的大脑才能"澄明",才能像面镜子一样感知现实。没有任何教条或既定的模式能够干扰我们的感知,我们是容纳世界的一个"器皿"。为此,我们需要修炼庄子所说的"心斋",也就是"以虚明无形之体来容纳世间万物。只有达到空明的心境才能容纳道的聚集。这种空明的虚境就是心斋"。从这个观点出发,庄子对鱼之乐做了观察。而惠子则用理智对待观察,并告诉庄子他不可能知道。惠子在这里表现得像名"真正的哲学家",立即对所见所闻进行批判并提出质疑:"你不是鱼,怎么知道鱼的快乐呢?"他想得太多或担忧过度。这时,庄子用同样的逻辑告诉他:"你不是我,怎么知道我不晓得鱼的快乐呢?"被问住后,惠子试图使用一些"明显的证据":"而从另一方面说,你肯定不是鱼。"他这样的做法其实是放弃问题化:他没有意识到他其实采取的也是莫若以明。他这样做之后,庄子马上把讨论上升到一个新高度,即普遍的规律:"我是从护城河的桥上知道的。""在此处",就在此处,这是知道的"秘诀"。在场就是通达,是与道同在,是客观地了解万物。个体的,当下的,是通往绝对的钥匙。

## 深入和延展的问题

**理解性问题**

1. 护城河上的桥有什么象征意义?
2. 是什么把两位散步的人和鱼区别开来?
3. 鱼在忙于什么?
4. 庄子能够知道鱼喜欢什么吗?
5. 对于庄子所知道的,惠子知道什么?
6. 庄子需要成为鱼才能知道鱼怎么想吗?
7. 惠子为什么反驳庄子?
8. 为什么庄子要回到最初的问题?
9. 惠子是如何思考的?
10. 庄子是如何思考的?

**反思性问题**

1. 我们的感知在欺骗我们吗?
2. 为什么相对主义如此流行?
3. 相对主义具有绝对的价值吗?

4. 相对主义产生什么问题?

5. 我们能知道动物在想什么吗?

6. 有观点意味着什么?

7. 我们能有许多观点吗?

8. 改变观点意味着自欺吗?

9. 我们如何知道现实?

10. 我们能够做到真正的客观吗?

# 第三章

## 庄周梦蝶

昔者庄周梦为胡蝶，栩栩然胡蝶也，自喻适志与！不知周也。俄然觉，则蘧蘧然周也。不知周之梦为胡蝶与，胡蝶之梦为周与？周与胡蝶，则必有分矣。此之谓"物化"。

——《庄子·齐物论》

【译文】

从前,庄周梦见自己是一只翩翩飞舞的蝴蝶。他悠游自在,根本不知道庄周。忽然间,他醒过来,自己又分明是庄周。不知是庄周做梦化为蝴蝶呢,还是蝴蝶做梦化为庄周呢?庄周和蝴蝶之间必定有所分别。这就叫作"物化"。

故事内容

1. 身份（Identity）

2. 嵌套（Mise en abyme）

3. 物化（Transformation of things）

4. 召唤（Evocation）

5. 大觉（The great awakening）

6. 问题（Questions）

## 1. 身份

人类与动物不同，动物仅仅是它们自己，而人类会担心自己的身份。事实上，动物也会担心自身的"完整性"，因为总的来说，它们本能地试图保持自己的存在。虽然我们周期性地观察到"它们的完整性"，有时更主要的，是它们的物种或群体——兽群、集群、族群或家庭等的完整性。我们在这里观察到的原则是"存在的延续"，这也是一种普遍意义上的生命的原则。从生物学角度看，这个原则是嵌入生物体自身之中的——如果不是所有生物体，也至少是其中进化的那部分生物体。呼吸、营养、繁殖，这些生命体的主要特征都旨在以某种形式保持一个生物体特定生命形式的完整性。"完整性"一词的来源为"未–被触及的"的拉丁语构词"in-tangere"，意思是完整无缺的、全部的，从中派生出"全体的"或"完整的"。由此，我们可以得出这样一种推想，即"触摸它"将被视为一种威胁，这意味着完整性与自我保护有关，与抵御被视为不友好的外部威胁有关。从完整性到身份的转变很简单。"身份"一词源于拉丁语"idem"，意思是"相同"。因此，身份即指相同的品质，这意味着，尽管个体在过程中经历了差异和变化，但为了保持身份认同，自我的某些特征应该会保留下来。因为如果没有特殊而恒定的特征，"自我"就毫无意义，因为没有什么能保持它的统一性，并且没有什么能将一个"自我"与另一个"自我"区分开来，没有什么可以修改它或"触摸它"：它不具备差异性，因此没有"身份"。因此"身份"由"确定的、具体的和固定的特征"这一原则所定义。因此，不要忘记，这些特征应受到保护，免受任何由外界导致的异化。"身份"在某种程度上需要保持纯洁和永恒，在内外情况下都"不被触及"。

然而，从"完整性"到"身份"的转变意义重大。从字面上看，完整性——并非道德意义上的——表示实际存在，主要指生物学意义上的存在。身份更具认知性，它更像是一个构建出来的概念，因为它关系到对存在、对其特征的形式描述，而不仅仅是一种单一整体的存在本身。这种描述是如此重要，以至于身份的概念提供了古典西方逻辑的主要定律之一：同一性原则。这一原则指出，事物不能同时是其本身和对立面，这乃是认知结构的一个基本方面。因此，每个实体必须具有一组特定特征才能成为一个单独的实体，并且必须保留这些特征，以确保自己是一个单独的实体。因为，如果不以某种方式定义"对象"，就无法谈论它们，无法做出判断，无法识别它们，与它们相关的知识也就无从谈起。

对于人类来说，身份有两个不同的维度：一个是本体论的，另一个是心理上的或与存在相关的，如同客观和主观这两个相对立的面向一样。以本体论而言，它是从客观视角来看我们是什么。外部观察者相对能注意到什么，在我们的"存在"里，什么是先天或后天"给定"的。在心理上或与存在相关的方面，身份就是我们如何看待自己，它是一种客观数据和主观建构的混合体，是解释、恐惧和欲望，以及个人和社会文化的结合体。它是以叙事、感受、关系、行动和解释的方式表达出来的，可以称之为存在。当然，既然人是"主观动物"，那么这两个维度可以很容易地彼此重叠。但重要的是，在这件事上，就像动物试图保护自身的完整性一样，人类也会试图保护自己的身份。还有一个特点是，对动物来说，完整性是相当明显的，尽管像领土这样的问题——作为一种扩展的完整性——已经使问题复杂化，但对人类而言，身份必须被建构、感知或确认，它需要被保护，这是一个相当复杂的交互过程。

既然我们已经为"身份"建立了一个概念框架，那么让我们和庄子一起走下去，审视他在这段文字中处理"身份"问题的方式。像往常一样，他选择了背离常见的思维和行为方式。他通过解构"身份"的概念，通过打破这一概念的确定性来实现这一点。大多数时候，人类会寻找他们所谓的"身份"，当他们发现自己有意无意地拥有或建立起某种身份时，他们会不厌其烦地宣示它，以捍卫它免受威胁和批评。这实际上正是我们对外界评判如此敏感的原因之一：评判唤起了这种身份的某种脆弱感，这种脆弱感很大程度上依赖于社会的接受度或认可度，以强化或巩固自己。他（庄周）如何解构身份呢？首先，庄子通过将其描述为"梦"，消解了它的客观性和理性的维度。其次，他告诉我们，我们可能恰恰与自己想象或希望成为的样子不同，甚至相反，显然，人类和蝴蝶确实相去甚远。文中说："周与胡蝶，则必有分矣。"再次，他指出，当我们不再是自己，不再是我们所认为的那个自己，甚至成了我们不想成为的样子时，反而可能会过得更好。他笔下的蝴蝶确实很高兴地做着自己，翩然舞动，与庄子作为一个人的时候差别巨大，作为一个人，他只知道怀疑、哀叹，为他的怀疑而感到痛苦和烦恼。最后，庄子揭示，自由有时候存在于成为我们"所不是"的那个样子之中，因为我们的确是确定的、有限的和固定的。"我"的范畴是相当有限而封闭的，而"非我"的范围是宽广、无限而自由的。他本也可以选择其他动物或植物来"做梦"，但他选择了一只蝴蝶。蝴蝶可以象征什么？轻盈，与沉重相对。美丽，与沉闷相对。自由，与必然相对。短暂，与永恒相对。作者借蝴蝶的意象隐晦地批评和反驳了人们所追求的这四种典型的身份特征。

沉重——沉重是那些为身份而苦苦求索之人的状态，他们渴望保护他们的身份。这种沉重感给他们自己和身边人都带来了负担，因为他们总是期待和乞求周围人的肯定，而周围的人同样也更多关注于自己的身份，其中的落差难免引起彼此间的误解和冲突。他们只想变得更强大，他们不认同和欣赏生命的转瞬即逝，及其脆弱的优雅。与蝴蝶的随意、富于变幻和轻盈相反，他们时常忧心忡忡。意识在这里转变成消极的意象，与漫不经心、毫不费力、轻松优雅相反。

沉闷——沉闷是击中许多人的感觉，他们发现生活的现实和日常琐事与他们的期待和对兴奋的渴望相去甚远。这就是为什么许多人寻找某种形式的人为娱乐，以避免无聊所带来的虚无感，正如布莱士·帕斯卡批评的那样。聚会、酗酒、毒品、赌博，追逐财富、攫取权力、调情、工作、组建家庭，都是如此，我们参与的许多活动都是为了不去面对真实的自己，尽管这些活动往往无法真正满足个体存在的基本需求。

美——在日常生活中，美通常也不是我们十分关注的对象，因为美不是达成其他事物的手段，与实用性相反，它代表着自身的满足。美是个别与整体、有限与无限的和谐统一，美存在于当下的领悟之中，而非对空想的呈现或建构。身份就是我们现有的样子，我们必须能够感知它的魅力、业已存在的迷人特征；存在之所以美，仅仅因为它存在。

自由——必然，是来自需求的命令，大多数人正是依据内在或外在的需求，在日常行为中做出决定。内在需求建构了我们的愿望和恐惧，因为它不是我们自发选择的，而是心理义务强行投射在我们身上。事实上，如果我们能自由地决定自己的生活，并自发地筛选我们的欲望和恐惧，它们中的大部分很可能会消失。通常来说，"我们不想要我们的欲望"，正如莱布尼茨所指出的那样，这表明我们缺乏自由及自我认可。这也适用于我们的恐惧，以及各种"悲伤情绪"，如羞耻、内疚、后悔、嫉妒、羡慕等等。外部需求是社会性的义务、道德律令、千篇一律的仪式、成功的压力、对于光鲜外表的追逐等等。与此相反，美是优雅的、无拘无束的、充满创意的，它指向人类思想中的超越和无限。

短暂——短暂是对永恒的批判，是永恒的对立面，这是一个更微妙又很矛盾的问题。其基本观点认为，人的心灵对死亡和消逝深感恐惧。长寿向来是中国文化的主要价值观之一，再加上财富和成功，所有这些都可以代表一种形式上的社会义务或成就。中国家庭和公共场所里无处不在的福（成功）[1]、禄（财富）、寿（长寿）三仙雕像，是这种崇拜的有形表现。虽然对死亡的恐惧、对于不确定的未来感到痛苦常常会成为成就的动力和存在的动机，但这种恐惧也是我们大多数人担心和忧虑的主要来源。与此相反，一只蝴蝶的生命很短暂，但它享受生命的每一刻，无忧无虑，这代表了一种智慧。庄子断言："栩栩然胡蝶也，自喻适志与！不知周也。"蝴蝶享受着做自己，这种"享受"显而易见地与它对庄周的"忽略"分不开，这可以解释为忽略人及其身份，因为它既不知有"人"，也不知有"蝴蝶"：它只是活在当下。在中国文化中，蝴蝶象征着美丽的、女性化的、细腻的、爱幻想的天性，与充满沉重思虑的庄子形成了鲜明的对比。正如我们所看到的，"莫若以明"作为一种认知视角，也有相应的存在维度，即"活在当下"。抓住转瞬即逝的瞬间，享受它并利用它，翩然舞动，是蝴蝶的智慧。这不是一般人所具有的人格特质，因

---

1. 福（成功）：作者理解福在中国代表福气、福分，但他认为祝福其他人有福气，往往其背后和祝福他人成功相联系。——译者

为在一般人看来，这种"变化无常的"行为要么是大愚，要么是大智。

## 2. 嵌套

支撑"嵌套"这个概念的很多理论都存在着混乱，而这种混乱使得"嵌套"这个概念本身被掩盖，变得模糊不清，甚至找不到一个恰当的词语进行翻译，因此，它一直以来都显得神秘晦涩、深奥难懂。让我们试着把它简化。"嵌套"是一种绘画和文学技巧，它起源于纹章学、纹章艺术。在此领域里，"嵌套"描绘了一种盾形纹章：在较大的盾牌中心有一个较小的盾牌，两者的形状完全相同。它的字面意思是"放入深渊"，其中"深渊"——意指无底的——表示盾牌的中心，在透视画法中就是"消失的点"。这种"嵌套"创造了一种奇特的效果，即无穷的递归，因为较大的盾牌再次出现在较小的盾牌中，而较小的盾牌又一次出现在更小的盾牌中，这是一个可以无限期地持续下去的过程，让我们想起著名的俄罗斯"套娃"，它们通过逐渐缩小的过程而容纳下自己。从此，"嵌套"成为一种绘画技巧，在文艺复兴时期甚为流行。画中画，或一幅画中出现了画家正在绘画的场景，如在后来的一个著名的麦片包装上展现的那样：我们可以在桂格燕麦曾经的包装上看到一个男人手拿一包桂格燕麦的画面。而在文学中，它指的是在一个故事中插入另一个故事的手法，"内在故事"唤起或模仿"外在故事"，就像莎士比亚在《哈姆雷特》中所表现的那样。而后现代文学则将它作为一种打破叙事连续逻辑的手法。在哲学中，"深渊"通常隐喻无限的深度、晦涩不明的创始原则、上帝、存在或其他。因此，"嵌套"转化为一种"自我意识"，思考主体将自我作为反思的对象，他认为自己在思考他自己，这是一个无休止的过程，当然也是必要的自我转变。从本体论的角度来看，莱布尼茨提出了单子学说，其中每个单子都从它自己的位置反映了整个世界，一个它本身作为其不可分割的一部分的世界，这意味着它同时也反映出了自己。在这些不同的方案中，我们被无限感所影响，引起眩晕，就像我们站在一组无休止地相互反射的镜子中。眩晕在哲学领域被放大，正是因为我们的自我经历了这样一个神秘而自相矛盾的复制、疏远和消解的过程。

我们从文中清楚地看到庄子是如何通过他所是的那个主体的"嵌套"引出自我意识的,他把自己当成一种现象来表述,将自己描述为第三人称,同时他又站在思考主体的立场,作为主语的"我",或先验的自我,因为他就是说话的人本身。但是,让我们来剖析一下界定"嵌套"这个过程有哪些不同的特征,以此来分析庄子的这个故事以及它与"嵌套"有什么关系。这些特征都呈现出相互矛盾的形式,使过程本身充满张力。很多时候,这种矛盾性是建立在经验的自我和超验的自我之间的张力基础上的,这表明这些基础性的与存在相关的概念处于永久的张力之中。

**接近与远离**

"嵌套"使主体在远离他自己——他的经验自我的同时,更接近他的超验自我。通过使自己成为梦的对象,以第三人称谈论自己,成为他自身之外的他者。在这个故事中,通过变成一只蝴蝶,作者与自己拉开了距离。而与此同时,正因为他远离了自己,他更好地看见了、了解了自己。例如，他开始意识到他这个人所呈现出来的现象以及他眼前的自我之肤浅，他也意识到他的存在是转瞬即逝的，这种智慧使他更接近他的真我。

**眩晕与稳定**

"嵌套"启动了一个强大的进程，使主体震荡动摇，使他处于不安全的境地。然而同时，经由这种不稳定，他又可以达到"更高层面"，一种因达到更深处或更高视角而获得的新的稳定形式。意识到自己的生活实际上可能是一场梦，透过新的视角，成为一个自己没想过会成为的人，去想不曾想过的事，通过这些方式，一个人确实可以达到更稳定的状态，以往的种种必要条件、义务和身份都被超越了，这意味着没有什么值得恐惧、没有什么值得渴求，在庄子看来，这是达成"道"的条件。然而，为了达到这些"高地"，一个人不可避免地需要经历异常不稳定的过程，承受头晕目眩。

**在场与缺席**

"嵌套"邀请个体和他自己玩捉迷藏的游戏。大多数时候，人们藏在自身之中，这就是萨特所称之"自在的存在"，它与"自为的存在"相对。后者更具有自我意识，他们与自我是如此亲近，而不会质疑这个"自我"，他们把这个"自我"当作理所当然的、必不可少的，把它视为自己存在的必然条件。人们也许会批评，这恰恰也是一种异化，对于"真我""有意识的自我""自由的自我"的异化。萨特将这种心理状态或存在定性为"自我欺骗"，因为一个人为了成为某个角色而放弃了他的基本自由和意识。这个角色似乎是强加给个人的，但实际上这是一种选择，人们在很大程度上为了获得一种虚假的安全感而在这个角色上过度地投入和发挥。为了让我们获得一种恰当的道德视角，庄子邀请我们脱离那些我们埋首其中的俗务，脱离那些给我们提供地位、福利和社会认可的日常事务。借由抛弃自己，我们成就了自己。借由逃离作为庄子的自己，接受他的人生可能只是一场梦，他可能是一只蝴蝶的产物，庄子唤醒了自我，这个"大觉"使他得以呈现在自己面前。

**单个与众多**

"嵌套"产生了一种情境，或产生自一种情境，在这种情境中，要么通过某种差异化的复制生产新的自我，要么通过产生自我的各种影像，自我得以倍增。这里的问题是很难区分自我和自我的影像，因为人们可以声称自我只不过是影像。在某种程度上，这里有一种统一的形式，因为存在一种意识、一个确定的主体，并且我们必须以某种统一性作为谈论任何事情的前提。与此同时，那些不同的投射，自我的那些不同的组成部分，正如弗洛伊德和其他人所指出的那样，让我们怀疑这种统一性，要么因为它的本质难以识别，甚或因为多样性自身强有力的证据，我们甚至放弃了这仅有的"统一"的现实可能性。庄子睡着做了一个梦，庄子是一只蝴蝶，庄子醒来，庄子是一个人。庄子的统一性既是前提，同时又变得可疑。

**内部与外部**

通过主体多重观点的相互作用，"嵌套"引发了"自我的异化"：一个人既从自身脱离出去，同时又保持着自己。一个人与自己的影像的关系，恰恰是"内部"与"外部"的关系。我是我自己，但从外部，我还能看见自己的影像。保罗·利科用两个拉丁词汇，发展了"双重身份"的概念。一个是"Ipse"，指代内在的自我——主格的"我（I）"位居中心，作为主体实现了超越。另一个是"Idem"，意为相同的、相似的——它是宾格的"我（me）"，主体的我使自身成了一个客体；它是一个投影，一种建构。康德以同样的方式将这两者——"自在之物"，即"内在的身份"和"自为之物"，即作为现象的它向世界所呈现出的样子——对立起来。在这个故事中，庄子思考、写作、做梦，他内在于自身之中；但是他思考、写作以及梦见的都是他自己，通过与自我各种影像的相互作用，他成了自己的客体。

**认识与否认**

"嵌套"使一个人与自我拉开距离，而同时，他却因此认识了自己，因为在自我和影像中，许多特征是相同的，同时他也认识到这个"多重的影像"不可能是作为个体而单独出现的他的自我。他观察到这些影像和自我之间的差异，它们仅仅只是影像或投影而已。庄子始终坚守这一矛盾的维度。蝴蝶"不知周"，但后来庄子又"蘧蘧然周也"，即立刻知道他是庄周；庄子又补充说，"周与胡蝶，则必有分矣"，但却是通过"物化"——即事物之间的转化——来解释这一点的，这意味着二者在某种程度上是相同的。然而奇怪的是,通过对自我的"否认"、对自我的疏离,一个人更好地认识了自己,庄子称之为大觉。通过成为自己以外的事物,你成了你自己:这就是"嵌套"的妙处。

**吸引与排斥**

"嵌套"对主体和观看者都会产生认知和情感影响,引起一种快感和不适相结合的感受。吸引人的是其多样性的万花筒效应所产生的纯粹审美意义上的魅力。一方面,这种转变,这种与作为客体的自我之间的互动,通过自我的各种各样的投射及其产生的差异,会产生娱乐性。另一方面,由感官眩晕引起排斥,因为我们被投射到了无限之中。这种无根的经历可能产生一种不适,如同处于某种空间或认知的边缘地带,什么都没有建立,什么都无法确定,现实似乎消失了。当然,这种"消失"原则可能会令人着迷,就像蹦极的体验一样,只要我们有信心,就不害怕失去自我和确定性。庄子似乎就是如此,他兴高采烈地玩着"嵌套"游戏,这是他宁静的"逍遥游"的一部分,在那里,凡事皆可在愉悦中思忖,不含任何恐惧或期待。

## 3. 物化

所有中国哲学共享的宇宙概念，既非唯物主义，也非万物有灵论，因为他们不相信有灵魂实体。它可以被称为自然主义的、有机的或过程性的，而有些人更喜欢将其视为魔法或炼金术。宇宙被视为一个分层组织的有机体，其中每个部分都再现出整体。人是与这个宏观世界严格对应的微观世界，甚至我们的身体也再现了宇宙的意图。因此，在人和世界之间存在一个应对和参与系统，这在传统中，例如在中医中，就有详细的描述。宇宙的基本起源是，在原始的混沌中产生了"道"，它是一种自然法则，是一切事物的天然秩序，这实际上是指万事万物不断地生成和不断地回归到起点。如同呼吸，进进出出；如同潮汐，起起落落：宇宙的所有部分都在有节奏的脉动中调谐。没有什么是一成不变的，万事万物都会经历与创生过程吻合的周期性转化与改变。变化并不像我们在西方文化中经常遇到的那样与静态的理想相对立，变化本身就是现实的实体：它是系统化的、可被掌握的，就像《易经》中的六十四卦一样，它呈现了一般变化的主要特征和条件。一个不变的统一体、恒定的道，是这种万花筒般的多元性的基础。"动"即是指这样一种过程：首先自我完成，走向它自己的极端，而后物极必反，达到它的对立面。"反者道之动"，老子写道。它也让我们想起了新柏拉图式的发散和转换原则：多元来自原始统一，回到原始统一。一切出自道，又不可避免地回到道中，在这个过程中，无差别的统一性变成了多重性。生和死都包含在这个从无到有再到无的持续转变中，但潜在的原始的不可定义的统一仍作为背景而存在。这意味着事物的存在有这样一种模式，即不同事物之间的边界会被周期性地打破，一个事物永远都在朝着另一个事物转换。

尽管这一世界观是中国占已有之的，但"物化"一词实际上来自庄子。正如我们在这个故事中所看到的，他认为自己和他人之间、做梦和清醒之间、一切事物之间的界限和区别是可以克服的。因此，一个人总是可以实现事物之间的转化。然而，如果一个人执着于自己和他人之间的差异，例如处于恐惧或贪婪之中，他就不能实现物化，就像陷入梦中一样。但同样地，由于人心是难以捉摸的，如果一个人过于执着于物化，他可能仍然停留在另一个梦中，这常被称为"落入自己布下的网中"。较为理想的是保持一种通达的状态，也就是庄子所说的"逍遥游"，在没有方向和目的的情况下保持自我。在这个意义上，个人将消除自我和宇宙之间的差异和对立。在庄子看来，人类世界中的地位、礼节、约定俗成的规范、命名行为以及我们与语言的固定关系，都会造成分歧和对立，从而对人造成人为的痛苦约束。在中国古代思想中，命名意味着一种评估，即赋予某物在等级宇宙中相应的地位。但是"道"不属于这些范畴，它是不可察觉的、不可辨别的，而且关于它的一切皆是不可预测的。它潜藏着所有特定现象的形式、实体、力量和现实。老子写道："无名天地之始，有名万物之母。""无名"和"有名"，"无"和"有"，是相互依存的，并且"相生相长"。"无"并不代表"没有"，而是不可名状的、不可感知的。在老子看来，"无"优于"有"。正是这种"虚空"（空的初始）本身，蕴藏着所有的潜力，如果没有它，甚至"有"也会失去它的效力。因此，一个人应该忽略地位和规范，甚至忘记自己的物质存在和智识，以摆脱自己与其他万物的区别,从而摆脱外部因素对他思想的遮蔽和对他行为的错误影响。

在《齐物论》一篇中,庄子分析了世界的不可预测性,揭示了不同或对立的事物本质上是相互联系甚至可相互转换的。因此,在试图理解世界的过程中,首先应该确定所有实体之间的相互联系,视万物为平等,放弃个人偏见、好恶。如此,人心方可超然物外,从外界的束缚和影响中解放出来;至此,事物之间的差异和矛盾将不再是一个人的思想或生活的负担。我们通常用自己对事物的日常理解把自己限制在我们的社会角色、期待和价值中。在庄子看来,这种行为方式不足以更深入地了解事物的本质,并与之互动。我们需要忘掉阻碍我们以新的方式看待事物和事件的先入之见,我们需要了解如何能够构造和重组事物的边界。

这种忘却可以被看作对苏格拉底式"习得性无知"的回声,正如库萨的尼古拉所说。但是,只有当我们自己"走出"熟悉的界限时,我们才能做到这一点。只有通过释放我们的想象力,重新构想我们自己、我们的世界以及与我们互动的事物，我们才能开始理解自然转变的更深层次趋势，我们都受到这些转变的影响，我们都是这些转变的一部分。通过松开我们的成见所带来的束缚，我们就可以与有力而丰富的事物之自然本性相协调。为了解决显见的矛盾，我们必须认识到，作为对立的现象，其基础和统一之间的不断转化非常重要，必须觉察到对立面之间的统一性。这意味着消除自我和世界之间的差别，并认识到生与死只是周期性阶段中的一对关系，如同昼与夜或夏与冬。"若死生为徒，吾又何患！故万物一也。"生与死并不是对立的，而仅仅是同一现实的两个方面，是大化流行的某个暂时的瞬间。人类也不例外："人又反入于机。万物皆出于机，皆入于机。"因此，庄子的态度是平静地接受。

庄子的世界观仍属于老子宇宙观的传统，讲述的是一种对立面的周期性的转化。世界被看作一朵巨大的云（大块），天空（天）绕着极轴（道枢）旋转。所有的转变都有一个这样的轴，圣人的目的就是安顿于这个轴上，这样一个人就可以观察其变化，而不会受其冲击。庄子用来捕捉这一现实的概念是"枢"，即整个车轮会围绕它旋转，但它自己却不动的那个部分。"枢"这个概念让我们想起亚里士多德的"不动的动者",或"使万物运动但自身不动的"第一推动者,他认为这是万物运动的第一因,是无因之因,是宇宙中所有运动的"推动者",因为它推动其他事物,但它自身不由任何先前的行动所推动。除了静止不动之外,"初始动力"还是永恒的,因为如果它的存在有一个开始,它就需要一个因。这个由多神论者创造的一神论概念,解释了世界上所有的变化,它被描述为"思想的思想",是一个"思考着自己的思考"的存在。在这个意义上,它是一种纯粹的形式,一种没有物质的行动,它解释了一切存在。两位哲学家的主要区别似乎在于"因"这个概念(亚里士多德)和"条件"这个概念(庄子)的对立。一个原因能完全为它所产生的结果负责,但条件是一种必要的结构、形式或中介,它自身无法完全为它所产生的影响负责。"因"与"条件"的不同对于中西思维的差别至关重要,前者重视"过程",而后者强调"创生"或"因果规律",当然这种差别也不是绝对的。此外,亚里士多德提醒我们的另一个共同点是,"一对对立面是同时诞生的"。尽管差异与同一间的永恒的相互作用的原则更多地出现在赫拉克利特那里，但是这一原则与道家的普遍动力的差别在于：前者更紧张、更激烈、更具悲剧色彩，而后者更包容而平和。

## 4. 召唤

在西方思想中，主要有几种不同的言语形式：描述性的、规定性的和述行性的。描述性语言向对话者传达关于世界"状态"的信息，它是对某一事物、现象或事件的描述，正如我们从它的命名中所看到的那样。规定性语言发出命令，传达指令；通过规定性语言，人们表达自己认为应该做的事情，就像在医学处方中一样。最后一种，述行性语言使主体以一种非确定的方式做出反应并完成某事，它促使人们对现实采取行动并对其进行修改，而不具体说明这种转变。述行性语言不关心某一特定话语的真假，也不关心它的效用，它感兴趣的是它产生的效果。当然，人们可以说，几乎任何话语都是述行性的，因为它迫使对话者做出某种决定：回应，保持沉默，微笑，否认，等等。即使是一个写在购物清单上的单词也可以被认为是述行性的，因为它使主体完成与该单词相关的某个行为。然而，述行性语言具有显著的特征，使其与其他类型的话语区分开来。更引人注目的是，它激发个体开始自主反思：它不意在传达特定的信息或指令，而是刺激个体做出反应，甚至改变自己。哲学话语中经常出现的两个例子是反讽和悖论。反讽陈述了与实际意思相反的意思，或者装出一种仿若"无知"的假象，这样就使主体触及一个陈述所具有的"双重意义"；它让意义变得模糊、没有根据，因此，对于最初的话语，我们只能在没有明确示意或意义的情况下摸索。悖论通过将相互矛盾的观点结合在一起，产生了同样的破坏稳定的效果：它不能提供最终结论，因为没有结论。这就是克尔凯郭尔所说的"间接沟通"：由于存在主义或本体论的真理不能简单地加以描述，它不是由形式性知识所包含或传递的，它只能从一个主体中"激荡出来"。并且，这个过程与描述性语言的朝向相反：不是引入，而是取出；不是"进入"，而是"退出"。真理作为一种潜能、一种能力存在于主体之中：它必须显现。因此，人们不需要在对话者的头脑中"植入"任何东西，只需要引出不可避免地存在于那里的东西。难怪克尔凯郭尔用一个相当强烈的动词来描述"取出"的过程——"激荡出来",这意味着这种真理不是既定的,它只有在发生冲突时才会出现;反讽和悖论恰恰符合这个目的。一个人运用述行性对话,则表明他相信,通过传达隐含的和看不见的东西,他会在对话者身上找到回声。通过将相互矛盾的信息组合在一起,间接沟通迫使对话者自己做出决定。在这样的行为中,使用述行性语言的那个人将暂时消失,因为他没有任何固定的立场,也没有任何具体的内容要辩护:他自己和他所说的话可以从多个角度被看待,这取决于一个人想要如何看待它。通过将自己暂时降格为"没有人",使用述行性语言的人给他的对话者以自由,让他做自己想做之事,激发自主行动,伴随而来的是获得存在的自由。与直接要求在特定问题上表明立场的情况不同,采用具有双重或多重意义的表达将更明确地把对话的另一方置于十字路口,他将无法清楚地确定哪种方式是"正确的",就像他无法猜测他的对话者的想法一样。例如,苏格拉底的反讽就具有这样的效果:在同一时间需要回答一个直接的问题,并夹杂一种反讽的态度，苏格拉底会把自己描绘成无知的人，或者以怀疑的语气赞扬他的对话者。这些举动既可能是"真的"，也可能是"假的"，不管从表面上看是真是假，这都会使他的对话者大吃一惊，不得不确定自己的立场。这也在一定程度上解释了"对手"的愤慨和恼怒的反应，他夹在一种不确定的感觉和需要做出明确判断的要求之间。

在东方思想中，更具体地说，在庄子的言语里，还有一种说话方式，称为"召唤性语言"，它让事情通过"邀请"而不是通过直接的要求来完成。在这一思想体系中，反讽属于召唤性语言而非述行性语言的范畴，尽管两者之间的区别似乎相当模糊。"召唤性"对话的一个重要例子是隐喻式的表达方式，它很明显地把"召唤性语言"与其他交流形式区分开来，这在中国人的思维方式中相当常见。说话不直接，要说的东西没有真正说出来，一切都只是一个暗示，可以有不同的解释。就连汉语的结构也会唤起人们的联想：一个表意文字可以承载数十种含义，其中一些相互矛盾。这种语言没有时态或词性，古汉语的习语中甚至没有介词，所有这些都导致了各种各样的解释和被赋予的意义。单一而直接的含义是无趣的，因为它没有打开一个有想象力的解释领域：它会被认为太过平庸乏味，接近原始的，因为它直白地指定了它要指定的东西。因此，即使是日常语言，也最好是间接的，使其能产生多重含义。

庄子提出了三种话语模式：寓言，他说这在他的文本中占据了十分之九；重言，"重复的话语"或"专家的话"，占文本的十分之七；卮言，"卮言日出，和以天倪"。第一种——寓言，是人们在日常生活中告诉自己的话，他们只是想表达他们所关注的事情，并希望被理解。庄子写道，"与己同则应，不与己同则反"：与自己意见相同的就是对的，与自己意见不同的就是错的。他们与自己没有距离，没有意愿在自己的视野之外寻找真理。这似乎是他们与言语最普遍的关系。第二种——重言，是"让争论停止"的言语，因为它们常被"引证"，是年长者或权威说出来的话。庄子批评它和第一种一样在形式上敬畏，因为它不专注于事物的本来面目，而只是为了"证明观点"和说服别人。他批评援引"耆艾"的做法，建议把"古文"视为"陈人"，除非可以证明，在对于事物存在方式的理解上，作者或他所说的内容有"先人"之处——除非有某种东西证明其内容或作者在某种程度上"领先于其他人"。第三种——卮言，它是最有趣，也是最稀有的。这类语言像"卮"一样发挥作用：满则倾，空则仰。需要指出的是，"卮"是中国古代特有的一种金属酒器，底部不平，稍圆，因此盛酒不能过满，否则它会倾斜而使酒溢出。所以，液体自然地在这个不稳的器皿中进进出出。"卮言"的特点是它们"和以"自然，也与作者所说的"与物为春"相呼应，是一种适应与通达。

我们注意到，庄子所写的内容，他所使用的形式和风格，都与他所传达的信息的意义相对应，即没有任何确定性信息。他的话语令人颇为费解。在他的语言中，能指往往与所指相距甚远，一个词往往用来表达另一个词的意思。他的话语充斥着形象化的描述和多重的对话，因此没有直接的信息，但意义隐藏在各种隐喻中。一个隐喻指向另一个，以至无穷。它永远不会有一个最终的明确想法，总是循环的：一旦达到一个意义，另一个意义就会浮出水面，这是一种无穷的嵌套。《庄子》提到了万物之间的互动，例如蜩、蛇、蝴蝶、影子等等，却没有对它们之间的对话进行诠释，而是把诠释的空间留给了读者。读者可以从这些对话中提取大量意义，并在这些不同的、可以无限出现的隐喻中穿梭。即使重要人物在对话中发言，他们的权威性也是值得怀疑的：他们说的话不应该从字面上理解；"专家"不提出任何明确的立场，他们提出悖论，有时他们说的话具有讽刺意味，因此读者被迫通过曲折的思考来做出自己的决定，这也让庄子的注解者煞费苦心。这种隐喻是无休止的。这就在读者的头脑中产生一种消解权威的力量的效果，读者不是在阅读"真理性的话语"，而是看到意义和思想如何交织在一起，形成悖论。没有绝对真理的痕迹，只有嬉戏和自由。从这个意义上讲，文字是去主观化的，因为没有人特别对它们负责；读者是自由的，他被迫开始自主反思。这也是一种非实体化，因为"官方"的意指从能指中拿走了。一种自我参与的呼声出现，这意味着对话者将被抛回他自己，他的理解将由他而不是外部权威产生。正因如此，人们对庄子的文本反复产生误解：有些人把庄子的话看得太重，有些人把它看得太轻，有些人把文本复杂化到无法辨认的程度，有些人用宗教的路数把庄子弄得神秘莫测。这一现象是他的文本所传达的潜在的多重解释的显见后果。一旦给予读者以他想要的方式解读思想的自由，他可能会很容易地滥用这种自由，或者反过来忽视它。

蝴蝶的故事很好地体现了庄子说过的"卮言"："昔者庄周梦为胡蝶，栩栩然胡蝶也，自喻适志与！不知周也。俄然觉，则蘧蘧然周也。不知周之梦为胡蝶与，胡蝶之梦为周与？周与胡蝶，则必有分矣。此之谓'物化'。"一个天真、简短的故事，没有任何解释，也没有说明该如何理解它的含义。最常见的版本通常会忽略物化的概念，只留下庄子对自己身份的费解。但"物化"是故事的核心。故事的内容与庄子对待语言的方式不谋而合：卮言随顺事物的"变化无穷"，不执着于任何事物，只是邀请读者参与进来，与文本一起快乐地漫游，不寻求任何明确的点，没有最终的目的地。这种话语希望读者被引向新的意义，但不是强加的，因为无论如何，强加本就是不可能的。这种教育方法的原则是，除非一个人有了亲身经历，外人讲述给他的东西永远外在于他。这可能就是庄子喜欢讲故事而不是做解释性的长篇大论的原因。故事是生活的缩影，是一个通往不同方向的岔路口，读者可以在这里产生好奇并选择自己的道路：他可以自由探索。但可怜的读者面临着"过多"的具象含义和隐喻，正如我们亲身经历的那样，乍一看可能会相当令人沮丧。从一个"隐喻"到"文本"，从一个短小的文本汇入另一个文本，之间没有间隙，一个接一个的转换，这可能会使一些寻找明确含义的人感到恼怒，指责《庄子》华而不实。在蝴蝶的故事中，作者的身份并不固定，就像故事中没有固定的意义一样。先是庄子自己梦为一只蝴蝶，然后是一只蝴蝶梦为庄子：谁是"真正"的自我并不清楚，因为不存在"真正"的自我，没有固定的基础，只有事物间的相互依存。

这样的沟通方式试图带来一种新的领悟，这不是知识的积累，而是一个人"存在"的转化。一个人越能从多个视角去审视，他对世界的感知就越丰富。顺应事物的本质，好奇心将永不枯竭。卮言是"道"的反映：难以把握、永无止境、变幻莫测、难以捉摸。它们从不直接指向某个对象，而总是将读者送到其他地方。这样，主体——内容和读者——就有机会进入"世间"，扩大自己，就像蝴蝶一样从一个"隐喻"飞往另一个"隐喻"。这样的扩充无法通过收集数据和阅读观点来实现，而只能通过"生活"的体验来达成。通过这种间接的交流，主体陷入了多个角度，他自然的单一立场就被"激荡"了。一旦他在多元化的视角中漫游，他就会更接近事物的自然秩序，这样做将有助于理解和表达现实。这是一个互动的过程，一个相辅相成的过程：主体应该向世界敞开大门，以成为世间的一分子，而世界也向这个主体敞开大门，通过主体而呈现。分不清是读者在阅读世界，还是世界在阅读读者。至此，语言被认为是世界的不同面向之间相遇和互动的舞台，通过这个舞台，"天籁"变得可见，犹如吹拂整个宇宙的一种精神，这与"地籁"——大自然的音乐，例如风吹动树的声音，以及"人籁"——例如吹奏笛子的声音，皆不同。

试图陈述什么是庄子"真正"的想法是没有意义的，因为出于上述所列的原因，这将与他说话的目的背道而驰。他的言说将读者带入了一种永久的中间状态。通过使用反讽，他犹如把地毯从读者的脚下拽走。讽刺并不说明任何事情，除非在下一刻否认它。一项陈述的含义往往被这个陈述的言说所驳斥。所陈述的与所暗示的相矛盾，所暗示的与所陈述的相矛盾，等等。蝴蝶的故事在这个意义上具有讽刺意味：蝴蝶的身份否认庄子的身份，反之亦然，人们永远不会知道什么是"更真实的"，对这种知识的探求没有任何意义。我们并不是简单地接收到一个信息，即身份的概念只能通过转化的概念来理解，而是被置于这样一种位置：能够开始去感知它、重温它。

"两行"的隐喻，同时宣布了两件事："言说的"和"未被言说的"。从这个意义上说，任何隐喻都具有反讽意味。对"所言之物"的否定总会同时出现，因为它会指向其他事物，而且词语本身甚至会有多余的维度。庄子写道："万物，一马也"，意在表达隐喻的力量，寓意万物皆可转换为他物。严格的定义只会对真正的理解造成妨碍，并会使人远离宇宙的秩序。如果一个事物仅仅"是其所是"，这就会阻碍我们看到这个事物，因为它应该被视为万物的一部分。人们可以批评这样的想法，说它会导致混乱和不断的过度解释，因为这样一来我们完全靠自己自由地赋予自己想要的任何意义。这就反对了那些声称"需要"精确定义的学者。当然，如果一个人没有解析的习惯，就只会以他惯常看待事物的方式进行反应。这就解释了为什么对《庄子》的阐释是多样的。人们可以反驳说，多样解释的存在正是推动思维的原因，它给各种视角以生存空间，给文本赋予了生命。

如果自然从根本上来说是隐喻的，如果世间之物皆非其本身而是其他东西，那么表达它的唯一方式就是通过隐喻。大自然是多面的、动态的：它不是以一种僵化和固定的形式来展现自身；物质、形状和形式在不断地变化，一切都处于生成过程中，一粒种子潜在地就是一株植物，一个季节潜在地是另一个季节。如果一个主体带着特定或明确的眼光来对待这样一个转变过程，并通过语言让生成过程变得固化，那么一个人就会停留在貌似理解的幻觉中，而这种幻觉绝不会接近事物的自然秩序。因此，人们应该使用一种在结构上与其所处理的内容相一致的工具。通过对"卮言"概念的思考，人就能成为变化本身，参与事物的本体转换，置身于庄子与蝴蝶之间，成为"万物之杯"。

参与到穿透于"卮言"的万物之秩序中并不仅仅是一个愉悦头脑的理论问题，它还会对一个人的生活方式产生直接影响。这不是一种由"道德禁令"控制的生活，其中充斥着一份允许什么不允许什么的清单；这也不是一种对外宣称的理想并期待理想实现的生活，它是一种在世界上漫游和飞翔的生活，基于现实而行动并听取其回应，成为转变过程的一部分。因此，这不是一场激烈而痛苦的斗争，而是一场愉快而充满活力的旅程。因而，这是一种不受他人或社会的外在评判所支配的生活，而是一种出于内在需要的渴望，换句话说，它是被内在的喜悦所驱动。

"卮言"并非着眼于自身，关注于自己的意思和意图，而是将所有的注意力都指向外部的对话者。奇怪的是，即使这些话是毫无意义的甚至荒谬的，只要它们在他人身上产生效果，意义自然就会浮现：这就是它们的述言性力量。从这个意义上说，反讽者"并不存在"，无论是从否定他自己的话的角度来看，还是从指向他的对话者而不是他自己的角度来看。因此,他既不依附于他所说的内容,也不依附于他的地位。他像个小丑。他无处不在,他总是在游移,徘徊于边缘,邀请他的对话者跟随他的脚步。一个好的反讽的标志,是这个反讽者在某种程度上是被误读的。这意味着他设法让另一个人挣脱束缚,激起他选择自己道路的自由,尽管达到这种轻盈的处世态度并不像看起来那么容易。在庄子的伦理学中,人应该随遇而安,应该知道如何放下失去自我身份的焦虑,应该任由自己迷失而放弃找回自我的希望,一个人应该能够承受同时既是蝴蝶又是自己并且转化于二者之间的不确定性。

## 5. 大觉

故事中的两个梦是相互关联的,庄子的梦和蝴蝶的梦,尽管它们的性质截然不同,并且相互排斥。它们联系在一起的方式从"外部"开始,通过它们之间的通道,超越它们自身的整体进程,即所谓的"大觉":从不同的"小觉"中走出来,这意味着意识到我们陷入其中的"梦",每个梦都有"自己的完整性和现实性"。我们其实是应庄子之邀来做"觉醒之觉醒"的,因为每次觉醒并不能"解决问题"。每个梦都应该产生它自己的怀疑和不确定,每个梦都被梦境之外消解,直至自我被消解。理想的观察者应该完全与世隔绝,这几乎是不可能的,仅仅是一个强大的规范性理想,因为人是很难从自身抽离出来的。作为一种权宜之计,人们可以在梦与梦之间来回穿梭,以避免陷入固定的方案或范式。从这个角度来看,不同的梦是相互依存的,它们无法独立存在。就像不同立场的对峙使我们保持一种辩证的姿态,得以与自己保持一定的距离,这就是我们所说的"嵌套",以无限的、虚无的视角看待我们自己。

一旦我们认为一切皆是梦,就像埃德加·爱伦·坡所说的那样,生活只是一个梦中梦,那么我们就会让自己变得"空心",让庄子所说的"天籁"得以发声。从这个位置上,我们可以"物物而不物于物",因为我们不再是我们的自我和表象的囚徒:我们通过我们的可塑性和"空"而变得自由和强大。在两个世界之间移动会产生稳定,这与我们通常的本能预设相反,非常违反直觉。从这种超验的观点来看,"万物齐一",不是因为它们的价值是平等的,而是因为对于高维现实而言，它们只是彼此互为必要的手段。因此，相互对立的梦境之间是和平而非斗争的，这是庄子观念和西方辩证法的主要区别，在西方辩证法中，对立面之间的对抗、否定性都伴随着激情、冲突甚至痛苦。读者处于这样一个不确定的环境中，可能感觉到相当不安，但正如庄子所提出的那样，它也可以被视为一种"逍遥游"，接近于"人道"。

人们不应该错误地将这种描述视为对现实的否认，实际恰恰相反。对于庄子和大多数道家思想家来说，与佛教哲学所信奉的"一切皆虚无"相反，道家认为，这恰恰构成了现实本身。灵活性是感知现实的条件，可塑性是由混沌产生的道的本质。诚然，立足于"无根基"之上会给我们一种现实在消失的印象，但实际上这让我们更接近于"枢"，即那个其他一切都围绕着它旋转的中心。这让我们想起15世纪哲学家库萨的尼古拉，对他来说，所有的想法都只是猜测，通过这些猜测，我们得以慢慢地接近事物的基本现实。对他来说，中心是上帝，是"非他者"，因为它并非"他者"，而是一切事物或存在的对立面，准确地说，他们是"外在于"其他事物的：那些有身份之物。这是一个对于尼古拉来说"其中心无处不在，其圆周无处可寻"的中心点。这强烈地唤起了我们关于"枢"的概念，它自身不动，但使其他万物旋转。

梦不是幻觉，它只是一种不断变化而又短暂的现象，除非我们成为它的囚徒，否则只会导向另一个梦。世界就是主体的无限漫游，就像莱布尼茨的"单子论"所表述的那样，每个实体都以自己的形式包含了宇宙的整体——一个由无限的单子组成的宇宙，一个无限的相互决定的过程。自然秩序是"此与彼"之间的永恒转化，从外部看，"彼与此"是固定的、相互对立的事物，其实它们在内部是紧密相连的。但在这一切看似混乱的运动中，在这无数个循环的"往复"中，在事物之间的不断变化中，我们可以感知到"物化"，我们可以听到"天籁"，可以感知到"枢"。在这场令人费解的"同与异"的捉迷藏游戏中，我们可以直接观察到"道"。同时，梦和现实不可能是一样的，庄子敏锐地与无分别的或相对主义的世界观保持距离，由于这种世界观取消了现实或实体，事实上禁止了思想与现实。在绝对中，在"大觉"中，在"觉醒的觉醒"中，有一个对立面的重合，其中的视角实际上是虚空的，但这并不是要否认"此与彼"，否则我们将进入一个黑格尔所说的"所有奶牛都是黑色的"夜晚的世界。

选择蝴蝶作为梦中动物的"客体"和"主体"并非偶然。这种活泼、美丽、轻盈的昆虫的自由飞舞象征着身份的永恒变化。理性不合它的胃口：还是把这项任务留给庄子和读者吧。对于这只可怜的蝴蝶来说，思考恰恰是一种"梦"，也是现实的缺失；它的身份，它的"德"在别处，这就是为什么它为那些"重思考的人类"提供了一个有趣的对立面，人类"附着"而不"飞舞"。蝴蝶无休止地旋转，因此动摇了判断和自我的基础。它是一种有自发性的生物，矛盾的是，"大觉"和"自发性"有一些共同之处：在这里，知识或意识是不可能的。前者是因为它超越了辨析或判断，因为一切都是一体的。后者是因为它"不在乎"判断，因为判断是脱离不开论述、争辩的，而蝴蝶——至少像我们所感知的那样——活在当下。

在西方哲学和普遍思维中，有一种对神秘不变的主体和身份的追求，它构成了我们存在的唯一基础。它可以被称为一种"自我逻辑"式的思维。例如，笛卡尔的无可置疑的自我，即"思考"或"怀疑"的实体，或康德的先验自我，即统一一切知觉和思想的主体，亦是任何认知活动的前提条件。许多哲学家试图为"自我"确立这样一个毋庸置疑的基础。尽管其他人，尤其是在近代，已经对这种统一产生了怀疑，比如休谟或弗洛伊德。但庄子比较关注的是消解作为充分的认识论和本体论视角之条件的主体，这更符合他的道家观点。但在这里，我们必须告诫读者一个诱人的错误：这个想法不是要完全废除这个主体，从根本上否定"此与彼"，而仅仅是要消除固定的立场，使观点丰富起来，以避免任何教条主义和僵化。"无我"并不意味着抛弃世界。从另一方面看，它对世界更加开放，更加通达，更贴近现实，更能拥抱事物的多样性。这就像是真我的状态。"大觉"并不是对任何"思想"的抛弃，而是改变了我们与"思想"的关系。我们不能放弃我们的"梦"，但我们必须保持"梦就是梦而已"的意识，我们必须继续做梦，否则我们就有陷入教条主义的危险。在某种程度上，我们既要保持"批判"的态度,也要保持"非批判"的态度。"非批判"的意义在于我们可以接受多样性,拥抱多元性,无论它是多么令人感到奇怪或惊讶。"批判"是指评估、判断和比较每一个"梦"以确定它的价值和限度。我们不应该放弃区分现象,应该默许和承认"是什么"和"发生了什么",但要从"道"或"大觉"的视角进行思考和分析,在这种视角中,生死是一枚硬币的两个方面,就像意识和无意识一样。

《庄子》里有黑暗,但他的黑暗不是绝望,不像阿尔伯特·加缪或克尔凯郭尔的悲剧性或荒诞性的写作,而仅仅是一种恬然漫游的夜间背景。这不是灵魂的阴郁神秘,而是白天来临前和过去后的短暂黑夜。在漫游的漫长岁月中,奥德修斯悲伤地梦想着回到伊萨卡,西西弗斯在绝望中希望看到岩石最终到达天堂。庄子的世界不是单向的,他并不期许某种人间乐土或天堂。他倡导一种多元的视野,由一个动态的过程驱动,不断地逆转人的依赖性。他的本体动态学说没有固定的基础。为此,我们必须学习"无我的无知",就像蝴蝶这个例子,它既没有身份,也没有根基,更没有知识。在它永恒的飞舞中,它是一个没有主体、没有头脑的存在。整个故事是一场让读者们颇为费解的梦。那些不知道如何解读这个故事的人,只感受到它的"有趣""好玩",或"奇怪"。但这一次他可以理解和记住庄子的"乖讹",这种"乖讹"可以解释为什么这篇文章是作者唯一一篇在古今中外备受喜爱的作品。

## 深入和延展的问题

**理解性问题**

1. 为什么庄周不再知道他是庄周还是蝴蝶?
2. 庄周和蝴蝶的关系是什么?
3. 庄周的梦是真实的吗?
4. 庄周是谁?
5. 庄周和蝴蝶有什么区别?
6. 庄周和蝴蝶有什么相似之处?
7. 关于事物的现实,这个梦教会了我们什么?
8. 为什么蝴蝶对庄周一无所知?
9. 在这个故事中,梦和无知之间是什么关系?
10. 庄周的梦意味着什么?

**反思性问题**

1. 人类为什么要寻找身份?
2. 动物有身份吗?
3. 我们真的能认识别人吗?
4. 你能成为自己以外的人吗?
5. 梦是身份的一个组成部分吗?
6. 我们应该相信我们的梦吗?
7. 梦是一种思想形式吗?
8. 梦能帮助我们认识自己吗?
9. 我们的存在是一个梦吗?
10. 我们更喜欢做自己还是别人?

# 第四章

## 达生

田开之见周威公。威公曰:"吾闻祝肾学生。吾子与祝肾游,亦何闻焉?"

田开之曰:"开之操拔篲以侍门庭,亦何闻于夫子!"

威公曰:"田子无让!寡人愿闻之。"

开之曰:"闻之夫子曰:'善养生者,若牧羊然,视其后者而鞭之。'"

威公曰:"何谓也?"

田开之曰:"鲁有单豹者,岩居而水饮,不与民共利,行年七十而犹有婴儿之色,不幸遇饿虎,饿虎杀而食之。有张毅者,高门悬薄,无不趋也,行年四十而有内热之病以死。豹养其内而虎食其外,毅养其外而病攻其内,此二子者,皆不鞭其后者也。"

仲尼曰:"无入而藏,无出而阳,柴立其中央。三者若得,其名必极。"

——《庄子·达生》

【译文】

田开之见到周威公。威公说:"我听说祝肾学习养生,你跟祝肾交友,关于养生你曾听到什么吗?"

田开之说:"我拿起扫帚在打扫门庭,哪里听得到先生的教导!"

周威公说:"田先生不必谦虚,我很想听听。"

田开之说:"听先生说:'善于养生的,就像牧羊一样,看见落后的就鞭策它。'"

周威公问:"这是什么意思?"

田开之说:"鲁国有个名单豹的,山居而饮水,不和人争利,活了七十岁还有婴儿的容色;不幸遇到饿虎,饿虎杀了他,将他吃掉。有个叫张毅的,大户小家,没有不往来的,活到四十岁便患内热病死了。单豹注重内在却被老虎吃了他的外在,张毅注重外在但疾病却从内而发侵袭了他,这两个人,都没能鞭策自己的不足。"

孔子说:"不要太深入而潜藏,不要太表露而显扬,像柴木一般静立于中央。三种都能做到,可称至人。"

### 故事内容

1. 经验的自我(Empirical self)

2. 超验的自我(Transcendent self)

3. 中道(The middle)

4. 有限(Finitude)

5. 问题(Questions)

## 1. 经验的自我

庄子把作为个体的人分为两个维度,一个是"内在",这是单豹所关心和偏爱的;一个是"外在",这是张毅所追求和偏爱的。在西方哲学传统中,也有区分自我的两个维度的方式,即"先验主体"和"经验主体"之间的对立。

让我们先简要地考察"主体(subject)"这个概念。

主体首先是一个逻辑或语言的概念:一个命题有主词和谓词,我们用谓词来描述主词的属性。[1]例如,在"球是圆的"中,"球"是主词,"圆"是谓词,即球是什么样子的。在形而上学中,主体是"存在"或"实体",是基本的、甚至不变的、具有某些属性的实体,被视为某些特定行为的原因。因此,一方面,主体是思想和知识的对象,是判断,因为它主要的功能是构建我们对世界的理解和掌握。另一方面,主体为各种各样的现实(如行为、意识、知觉、关系等)提供本体论上的支持,让这些现实得以锚定在主体之上。从这两个角度来看,我们就会发现,为了理解并描述现实,主体这个概念在语言和思维中起到重

---

1. "主词"和"主体"在英文中是同一个单词,即subject。——译者

要作用。当我们谈到"人类主体"时,这个问题就会变得更加具体和复杂,因为我们面对的是"在思考着自我的主体"。这种情况引发了一种难题,因为我们既是法官又是当事人:当我们从"内在"去思考这个主体时,主体是主格形式的"我(I)"或"我们(we)";当我们从"外在"去思考时,主体是宾格形式的"我(me)"、"你(you)"或"他们(them)"。前一种主体是思想的原因,它自由地思考着,它是反思性的主体,或先验的自我;而第二个主体是思想的产物或对象,是这种思想的结果,是经验的自我。

在第一部分中,我们先来考察什么是经验的自我,即张毅所关心的外在的自我。经验基本上是指任何外部观察者都能注意到的、存在于空间和时间中的东西,因为它有直接的物理表现,并产生可识别的迹象。庄子这样描述张毅:"大户小家,没有不往来的。"对这个人我们有什么样的了解呢?通过这个简短的描述,我们可以识别出张毅的某些明显特征,即他的心理性质和行为的可能前提:他是一个贪婪的、雄心勃勃的、关系性的、功利的、不耐烦的和相当腐败的人。他的行为很明显地表明他以地位和物质财富的占有为中心。萨特会告诉我们，这是他存在的本质，因为根据文本，他将自己的生命投入这个具体目的中。因此，他是一个以外在为中心的人，对自我的"内在品质"没有基本的关注，庄子称这种特征为"意图"，我们现在称之为主体性，这是一种关于"占有"而非"存在"的主体性。《占有或存在？》是埃里希·弗洛姆的一本书的标题，它抓住了一个经典的伦理困境的本质。对于弗洛姆来说，人类在这两种存在模式之间做出的选择决定了其本质和生存状态，因为我们的世界越来越被占有的激情所主导，关注获得、占有的欲望、物质力量、侵略性，而这些都与存在模式相反，存在模式是建立在爱、精神完满、分享有意义和有收获的活动的愉悦之上的。他的结论是，人类如果没有意识到这个选择的严重性，则会面临一场前所未有的心理和生态灾难。

主体的经验本质可以被他人知道，甚至可以通过他人而得知：我们可以从张毅的行为中观察到庄子所描述的情况，我们可以用相机把它拍下来。经验的自我可以采取叙述的形式，叙述一系列的行动和事件。与神秘的内在过程相反，我们可以相对确定地了解这个人的现实。我们可以忽略他错综复杂的心理过程，我们可能会误解他在特定时刻的特定意图，但通过某些行为模式，我们仍然可以在很大程度上触及他的自我的具体本质。我们无疑可以感知一个人的物质自我。一是他的生物学特征，如性别、年龄、身高、体重、敏捷性。二是他的行为和行为的结果，比如他所拥有的东西，职责、地位、教育、社会交往。三是他所处的环境，如他的家人，他的朋友，他的社会背景。四是他的智力和情感生活，如他的兴趣，他的激情，他的欲望和恐惧。作为观察者，我们多多少少能识别出这些特征，而且如果主体自己也愿意，他完全可以识别出自己的这些特征。

然而，当我们通过自我的经验本质来认识一个主体时，我们会遇到一些问题。第一个问题是，不管主体愿意与否，一些关于他的经验特征必然会发生变化，如年龄或外表；有一些很有可能会改变，如兴趣或活动；还有一些特征也许会改变，这取决于主体所处的背景或主体内在的变化，如追求或情绪。由于这些变化，"认识这个人"的知识就变得可疑，因为要识别一个实体，需要依据某些不变的特征。无论是在同样的时间段内还是在更长的时间范围之中，任何一个人都从事着很多活动，这些活动可能是完全不同的，甚至是截然对立的。我们经常观察到时间是如何深远地影响一个人的行为，结果使得我们对这个人的"基本现实"产生了怀疑。第二个问题是环境和主体之间存在相互作用，这可以被称为经验主体的他律，即非自主的自我，因为他的"现实"在很大程度上是由外在决定的。这种现象以两种方式发生，一种是被动，一种是主动。被动方式是指环境变化时我们会经历变化，环境的变化影响了主体的存在方式。主动方式是指主体如何改变他的行为以保护自己或获得他想要的东西，例如，他对待下级很严厉，但却取悦上级来满足他的愿望；或者他在商业关系中表现得很严苛，但在家庭关系中却很温柔，因为这两种类型的关系对他而言发挥着不同的功能。再如，教师因材施教，运用差异化教学法的灵活性恰恰是好老师的特点。当然，人们可以从这些不同的情况中找到一些统一或一致性，但从纯粹的经验角度来看，人们可以观察到客观的差异或对立。因此，经验主体是可变的，因为他是多元的。他的行为是由他在特定时刻对世界的感知决定的。同样，他在任何时刻都会被自己内在状态的感受——即"情绪"——所影响，而情绪会随着生理或心理原因而发生变化。由此可见，虽然该主体的经验现实相当具体，但他的"同一性"却变得难以界定。

另一个关于经验的自我的有益见解来自弗洛伊德的"我（self）"[1]的概念。作为精神分析以及"谈话疗法"的创始人，弗洛伊德建立了自我的三重划分：本我、自我和超我。它们代表了三种不同但相互作用的主体，三者共同构成我们的心理机制。根据弗洛伊德的这个模型，本我是一组不协调的本能趋势、拒绝和欲望，超我扮演批判的、理想的和道德的角色，而自我是有组织的、实用的那个部分，自我位于本我动力和超我动力之间，是一种与世界现实相互作用的中介。自我是"我"的一个维度，它是生成性的、经验的、面对外在的。自我承受着两个相互冲突的压力源

---

1. 在弗洛伊德的人格理论部分，为了区分self和ego，将self翻译为"我"，将ego翻译为"自我"。下文弗洛伊德的三重自我的中英对照分别是：本我-id，自我-ego，超我-super ego。——译者

（本我和超我）产生的压力：一方面是一种古老的、生物意义上的、相对肤浅的渴望的"坑洞"，决定着我们的"欲望（desire）"；另一方面是一套个人和社会构建的、规范性的理想，形成我们"应该是什么"或"应该想要什么"的观念。经验的自我乐于满足他的非理性欲望，但他必须克制这些欲望的满足，因为这些无所约束的欲望违背社会规范和理想规范。由于现实以及心理原因，这二者都需要得到满足。

因此，张毅显然被贪婪和野心所驱使，因为他花了毕生精力与有钱、有名、有势的人互动，他的经验的自我以获得财富、名声和权力为中心。然而，为了满足这些需求和冲动，他不能直接占有别人的东西：为了取得他想要的，他必须满足社会规则和条件，取悦他所在的环境，或引诱，或操纵，或以一个恰当的方式应对社会规则和条件。因此，他律或外在的决定因素的重要性必然意味着某种存在的或道德的"堕落"，因为主体为了适应"外在"而去调整、克制和压抑他的"自然存在"。此外，他还为这种堕落付出了代价：他在这个世界上不断地展示自己的同时，也会时刻担心自己的表演会失败，受到求之不得的威胁，害怕失去已有的东西。同时，他转化了这些冲动，他约束和引导这些冲动，以满足他和他的环境为自己建立的任何"理想"，无论是道德的、存在的、审美的还是智力的。例如，拥有一个"好"的家庭，"慷慨地"帮助一些人，拥有一个"漂亮的"房子，以正式的"恭敬的"方式行事，换句话说，使他的自我在自己眼中"有价值"。因此，他自我的存在的产生将会是各种冲突力量之间的"平衡"。这种"平衡"很可能是虚幻的，因为那些相反的"力量"之间有太多的对抗。从这个层面上看，人类的存在往往充满疑惑、焦虑和欺骗。

## 2. 超验的自我

经验的自我是外在导向和他律的，超验的自我则是内在导向和自主的。就其本质、动机、行动或动力而言，这两种"自我"之间的区别并不总是那么清晰，不时会混淆或重叠，但我们可以通过对如何描述超验的主体进行分析来进一步研究如何区分这两种"自我"。有一种识别这一实体（超验主体）的经典方法是通过意识，即统一感觉、知识、判断等表象的能力。如果我们不能将所有这些活动和数据与一个共同的中心，即作为实体的"我"——正在经历或引发这些过程的实体或"中心"——联系起来，我们的思想就是散乱的，没有一致性。

意识指的是保持清醒，并且意识到周围环境，这意味着存在"某物"，某种"自主的实体"，它是清醒和有意识的。因此，结论是，一般来说，这种"知觉"可以而且应该归于一个主体，因为很难设想一个没有主体的意识。即使我们认为整个宇宙是有自我意识的，这种现象也必然会通过某些特定的实体发生，因为这个宇宙是有区分的。我们把意识能力归结为一种叫作心灵的东西，因为在一个复杂的生命体中一定有一些中心，相较于其他活动，这个中心更擅长意识这种活动。最后，我们得出了器官、心灵、大脑、灵魂或其他概念，它既意识到自身，也意识到世界。如果是这样的话，这个心灵或被赋予了这个心灵的人，必须能够思考或说"我"，原因有二。首先，正如我们所看到的，它是一个单一的存在：它具有一个非常特殊和重要的功能，从而将它与其他实体区分开来。其次，它不是我们远远地从外在进行思考的对象，而是一个"自己"，它既是原因也是结果，既是主动的，也是被动的，有一个用"我"这个词语所"涵盖的"反思和被反思的功能。人们应该注意到一个孩子需要几年的时间才能使用"我"这个词：起初，他谈论自己的时候采取的是他人的视角，如"约翰想要……"，这是从父母或其他成年人的角度把自己视为一个"对象"，直到他发现了"我"的自相矛盾以及自主的功能。康德写道，在说"我"之前，孩子对自己只有感觉，而现在他对自己有了思考。使用这个简单的代词具体地展现出了主体将自己作为一个单一实体的能力：成为一个主体就是有能力主动地和被动地统一那些众多的表象，这被称之为"意识的统一力量"，这是一种人类的特权。这种活动、力量或精神器官，可以被称为超验的自我，这是我们人类存在的一个难以捉摸但必要的条件。

"主体"作为我们将要讨论的"超验的自我"的同义词，可以用不同的概念来表示，我们可以用不同的方式来理解它。首先，它可以被认为是行动的一个简单的原因，就像"石头落下时发出噪音",石头只是被动地经历了万有引力定律,但仍然是产生结果的原因。其次,它可以被认为是一种"有意愿的"原因,就像在"鸟吃种子"中,鸟仅仅出于本能而行动。最后,它可以被视为一个"深思熟虑的"原因,譬如"彼得决定成为一名木匠"。在最后一种情况下,自由的程度是最大化的。在这种层次变化中,主体越来越成为一个主体:它通过不断增加的自主程度而被"主体化"。由此,我们甚至可以像斯宾诺莎、康德和其他人那样进一步指出,自由是通过意识程度的增加而增加的。为此,我们必须研究彼得对木工了解多少,以及他成为木匠的动机是什么,以确定他所做的"决定"的性质、有效性和自主性,从而建立起他的自由度以及他作为一个主体的地位。由此,我们可以肯定,一个"真实的"主体对自我有意识,他有着自我意识,因为他是现实的一部分并且他认识了自己。由此我们定义了自由的主体,因为他定义自己,他使自己成为他决定成为的人。当然,这种自我决定的自由是一种相对的说法,而不是绝对的,因为可以提出如下反驳——我们在这个领域的权力并非没有强大的限制。

因此，通过将自己视为理性的存在，"我"象征或表达了人拥有指导自己的能力的事实。理性是指分析情境、做出决定和采取行动的反思能力。笛卡尔，如果不是第一个的话，至少是通过"我思"原则确定"我"存在的著名哲学家之一。它基本上可以概括为：一个人可以怀疑一切，包括上帝和宇宙的存在，但不能怀疑他在怀疑这个事实。因此，如果一切都可能是虚幻的，那么"思考着的我"则摆脱了这样的命运，而超验的自我就成为我们可以"抓住"的唯一证据。康德采取一种不同的观点，与笛卡尔相反，他认为超验的自我是不可知的，因为它不可能是任何真实经验的对象。对他来说，只有现象——即能通过感知觉获得的信息——才是真正可知的。相反，本体，一种纯粹的抽象，只能成为"理智直观"的对象。对他来说，这与一些"否定性"的东西联系在一起，因为人类实际上被空间和时间所定义的知识——即"感性直观"——所限制。当然，他承认"超验的自我"思考着，但他认为超验的自我不知道它自己是什么，它不能定义自己：它只能通过统一的思维行动在逻辑上假定自己的存在。他反对柏拉图和其他唯心主义哲学家的观点（他们认为，我们可以直接和直观地进入"理念世界"、"理智世界"）。康德认为，物自体对我们来说是无法触及的，我们只知道它们的显现，即现象，他从中得出结论：我们只能知道经验的自我。当然，他也意识到这种理解所带来的困难，因为经验的自我总是在变化，它是多重的，它受到它自己内在状态的感觉所影响，这也使它很难辨别。每个人都有自己不同的动机和目标，这甚至可能是内在冲突的根源。我们可以在某人身上分析他的心理、他的行为，但不能分析统一的、自由的和内在的本质，即先验的自我（通常被称为灵魂）。

与此相反的是，唯心主义有着悠久的传统，这一脉哲学家认为这个先验的自我是我们可以企及的根本寄托，我们必须渴求它才能实现自我。一个有启发性的例子是奥古斯丁。他写道："上帝是我们内心最亲密的那位，永远对我比我对自己更亲密。"我们可以总结为："作为经验的自我，我在自我之外；上帝不仅存在于我的内在，而且从上帝那里产生了吸引我回到自己内在，也回到上帝的力量。"从这一角度，我们会发现专注于"真正的主体"的实质、力量和必要性。柏拉图在很大程度上是这种观点的起源，他还为灵魂进行分类，将灵魂分为青铜、银、金，来定义不同人的品质，这个分类取决于"主体"的品质，正如我们在主体的日常思考和行动中所观察到的那样。这让我们想起了中国思想中"小人"和"君子"之间的对立。我们也可以说，对庄子而言，接近道就是和自我最密切的接触。

相比之下，经验主义的盎格鲁-撒克逊传统更为实用主义一些。在这一传统中，洛克强调记忆作为自我意识的关键动力的重要性：这种能力允许我们将过去的事件经历与现在联系起来，使我们成为一个"人"。成为一个被赋予主体性的个体，意味着对自己的过去和自己的现在有意识。他必须能够认识到自己是他过去所有行为的创造者。马克思更倾向于将这个主体定义为社会和经济环境的产物，这种观点有点剥夺了"先验的自我"的"私有性"。对他来说："不是人的意识决定了他们的存在，而是他们的社会存在决定了他们的意识。"对尼采来说，主体的主权只是一种幻觉。事实上，感官和意识只是一个非人格化的自我的玩具，非人格化的自我是"我"的思想和感觉的主人。对他来说，就像许多语言学家一样，"我"的突出地位只是一种语言上的建构。换句话说，主体的概念来自一种由语言创造的幻觉：源于"我"这个词语的发明。他写道："某个东西在思考，但说这个东西正是那个古老而著名的'我'，那就只是适度地表达一种假设，一种断言，而不是一种直接的确定性。"事实上，这种"我"并不是一个普遍的"自我表达"。例如，在日语中，并不会明确地把朝向自我的主体放在中心地位。[1]

理解超验的自我这一概念的重要且传统的方式是通过"灵魂"概念，这个概念在各种文化中都会遇到。它的象征形式或定义是多种多样的，在宗教、哲学、心理或大众文化描绘中，包括在中国文化中，都有其代表。在希腊文化中，灵魂（精神）最初指的是"吹气"或"呼吸"，可以表示"生命""精神""意识"，与身体和物质（躯体）相反。拉丁语的"灵魂"一词 anima（呼吸，呼吸）是一个生命存在的重要原则或精神原则，是内在的或超验的。它通常

---

1. 在日语中，说话者通常会省略主语"我"。——译者

在以下一些含义中摇摆：表示一个生命实体的"生命原则"，它的"理智原则"，或是一个与身体分离的实际"精神"。它可以归因于一个特定的实体、对象、植物、动物或人类，一个给定的现象，或宇宙的整体。根据活力论观点，生命不能被还原为物质，灵魂可以在物质的死亡中存活下来，去到"彼岸"，成为永恒。万物有灵论认为任何事物都有灵魂。亚里士多德对灵魂概念进行了非常全面的分析。他认为，灵魂不是一种物质，而是一种"生命的呼吸"，不存在于自身之中，尽管所有的生命都需要呼吸："灵魂是有机身体的第一个行为"，或者说，它是"身体的形式"。他区分了三种灵魂类型：植物灵魂，具有提供营养、生长和生成的能力；动物灵魂，具有感觉和移动的能力；理性灵魂，具有认知能力，包括理性、性格、感觉、意识、记忆、知觉等。

在继承了以前的文化（如埃及文化）的基督教文化中，灵魂成为个人的道德或精神本质。作为一个独立的存在，在生物死亡时，灵魂依然存在，并且会在"往生"之时根据其道德品质对其进行评估，从而决定其未来的命运。例如，根据其功过是非，灵魂是上天堂还是下地狱，这是每个人前世所产生的结果。印度教用"业"来理解来世，在后世中，"自我"将承受它的行为和活动的后果，无论是苦是乐。当然，最理想的状态是出离轮回，获得涅槃，达到万物一体。我们在这里看到了主张个体同一性和取消个体同一性之间的显著对立，以及理想和世界观的两种相反的形式。

在中国文化中，用灵魂的概念来解释人类的存在也是非常古老的传统了。灵魂被分为魂和魄。在这个二元论的传统中，每个活着的人都有两个灵魂。魂是死后离开身体的精神性的灵魂，是属于天的，属阳的，是意识和智慧的重要力量。魄是肉体的、实存的，属阴的，表现在身体的力量和运动中，并且与死者的尸体共存。不过这个概念在历史中有一些变化。为了保持健康，魂和魄需要由宇宙生命力量的精华来滋养，它们并没有从整体性中完全分离出来。当一个人死后，魂逐渐消散于天，而魄回到了大地。不过，即使灵魂的概念在宗教和民间文化中仍然很常见，但它并不被大多数哲学家（如孔子或庄子）所关注，对他们而言，人的行为主要由他的心理、道德或认知特征来界定，而不是由某个特定的实体来界定。

现在让我们来看看，在单豹的故事中，什么可以代表庄子的"超验的自我"。我们知道，单豹"山居而饮水，不和人争利，活了七十岁还有婴儿的容色"。这些对于他的存在和他所发挥的功能意味着什么呢？他独自生活，因此他是自主的，不依赖他人，这是"超验的自我"的一个关键特征，这与他律的、外在决定的、关系性的经验的自我相反。他只喝水，因此他并不寻求感官上的快乐和即时的满足，他不通过酒精来寻求刺激。此外，水也象征着自我的纯洁，也让人想起了道的纯洁。然后我们也了解到他与大多数人不同，他并没有追求利益。因此，他没有堕落，他不贪婪，因为他并不寻求物质财富。同样，他是自主的、自由的，因为他不追求"外在的"东西。他不一样，他很特别，因为其他大多数人都很贪婪。最后，我们了解到，在他年老时，他仍然有孩子般的肤色。当然，我们可以把这种描述看作一种身体上的说明，对这个养生（因此保持良好的身材，保持年轻和健康）的人的外表的描述。但我们了解庄子，在特定的上下文中，我们认为这也是精神生活的隐喻。"孩子"的概念再次代表纯洁，但也代表独创性、信念和信任，一种没有被肮脏的算计所腐化的人的状态。同时，他的长寿和高龄在当时也相当罕见，这反映了他在身体和道德上（这两个标准在中国思想中总是同时出现）的良好状态。总的来说，我们可以得出结论，单豹是一个智者（即使不是圣人），是我们所有人的美德榜样。要达到这样的状态，他必须抵抗身体和心灵所有常见的诱惑，如快乐、财富、名声和权力。由于他似乎是与世隔离的，他一定是自己获得了智慧，这显示了他在很大程度上的自由和自主性。他在道德上很坚强，也很真实。他是自我反思的，他必须深入地思考自己，思考世界，并把本质与次要的分开。他的主要目标是尽可能成为最好的人，而不是通过社会认可来获得成功。他的生活一定是艰难的，因为文中所描述的远不是一种轻松的生活，但这并没有阻止他。整个描述很好地显示了一个关心自身"超验的自我"的人的性格和生活，这可以被称为"君子"。

我们可能以为庄子会推崇这样的理想或形象，因为对许多读者来说,这与道家理想的禁欲主义以及对道家圣人的赞美是一脉相承的。但这忽略了我们的作者或他的文本的本质。庄子回避任何教条主义、任何自以为是的自满或任何既定的制度。对他来说,一切,尤其是看起来严肃的事情,都是批评和嘲笑的对象。因此,可怜的单豹死了:"不幸遇到饿虎,饿虎杀了他,将他吃掉。"当然,他健康的身体非常合老虎的胃口,可以说这个结局是一个相当自然、美丽、生态的死亡!但问题是这反而成了一个笑点,就像在一个笑话中很讽刺地加入"不幸"一词,让故事听起来显得很悲伤。

因此,这个悲惨的结局又意味着什么呢?关键在于"这两个人,都没能鞭策自己的不足"。用概念化的表达就是:"他们受到自身不足和缺陷的惩罚。"就单豹而言,这意味着他如此专注于内在现实,以至于忘记了外在现实。而对于张毅,他的死亡与他的内在自我有关,他遗忘了他的内在。当然,我们钦佩单豹的自主感,但我们也必须指出他无法认识和适应现实的原则:现实往往是"他者"——它不属于我们,来自外在,被我们忽视,很大程度上我们无法控制它。这里的教训是："超验的自我"并不是全能的，它也取决于外在，它不能避免自己的"外在性"，哪怕只是因为我们存在的自我反思维度是嵌套在一个物质存在中。精神不能忽视物质的现实，也不能否认其"他者性"。由此，我们推导了"内—外"这组明显的二元对立之互通的必要性，而这意味着主体与其环境之间的辩证关系。与单豹相反，张毅太关心外界，太关心他的社会成就，忘记了自己的内心，不照顾自己的健康，死于内热，他比单豹短命得多。在这里，我们可以看出庄子对单豹的一点偏爱，因为他的文本似乎更偏向单豹，单豹更长寿，尽管他受到的惩罚相当残忍和暴力：被老虎吃掉。然而，我们可以得出结论，他更喜欢超验的自我，但同时又警告我们不要过分强调这种自我的无所不能，以及它孤僻的倾向（与现实的脱节）。人们不能忘记作为"一切的原则"的道：与道的关系决定了内在自我的价值，并且赋予内在自我特有的德；自我的个体力量只有基于道才是充分的或真实的。

最后，人们可以对我们在庄子中使用"先验的自我"

的概念提出正式的批评。一个比较简单的批判是,与许多西方哲学家不同,庄子这里没有(先验的自我)这样的表达。我们的回答是,有两种方法检验一个概念在哲学著作乃至文学著作中存在:一个概念作为一种被有意识地描述出来的经验,尤其是它被确定为一个模式;或者一个概念被赋予一个名称而被正式使用或创造。西方的传统擅长于此,一部哲学作品通常是一个"概念的大教堂",那些抽象的术语构成了写作。但在其他一些传统中,情况不一定如此,尽管许多专家会声称这不再是哲学。这样的立场很可能会得出这样的结论——哲学只存在于西方世界,通常起源于或与"希腊奇迹"有关,这是一个相当普遍的教条。在这之外的任何东西都会被称为"智慧"、"思考"、"文化"等。但是,如果我们接受哲学的本质可以通过问题化,通过叙述,通过隐喻的概念来确定,那么我们就可以在其他形式中或其他地方识别哲学和概念。我们的立场是,任何具有普遍潜在性的重要现象,在一个作品中以可识别的方式被反复地描述到,那么它就可以被称为概念,即使它没有被命名。此外,在这一领域中我们反对以"西方的方式"

和"中国的方式"做哲学探索或进行思考。正如我们所概述的,在"西方的方式"中,概念被命名,被明确地定义,而中国的方式更隐晦,往往是隐喻的,描述性的,而不是直接和明确地分析。这种对立的背景其实是"分析性"或"概念性"的语言与"唤起的"语言之间的区别。或许我们可以这么说,中国的观念不需要"执着于"它的对象,它只需要"指向"它,以"唤起"它。这是"言说之言"和"不言之言"之间的区别。

接下来让我们提出这样的假设:我们可以确定庄子描述"先验的自我"有两种方式:一种是通过"意识的统一性",另一种是通过"行动的统一性",这两种模式在文本中都可以找到,它们也可以被指定为一种身份概念。单豹和张毅分别代表"内在生活"和"外在生活"。庄子经常给我们展现一些非常典型的人物,几乎是原型的人物。我们可以称他们为"超验主体"。在这个意义上,这些人物的各种言行,甚至他们的结局,都是由这些身份决定的;我们可以通过各种方式识别出这些身份,从而建立一个分类。从这个意义上说,尽管存在(身份之间的)转化及明显的多样性，但似乎有着一个统一的主体。例如，在庄子和蝴蝶之间，尽管通过"视角主义"有着两种不同存在的方式，但庄子邀请我们"超越"这些对立，以便成为道的不确定性的一部分。

至于意识以及它的个体统一性，庄子没有给它命名，但庄子似乎邀请我们去想象它，甚至这种意识的统一性会变成"无意识"，或者说是"元意识"，正如我们在庖丁或轮扁的技艺中看到的那样。事实上，在这些情况下，庄子描述了意识活动的不同表现，展示出了一种以非连续的方式发生的进程，但它却导向意识的统一性，或者说存在与行动的统一性。"木鸡"也是说明这种现象的一个有趣的例子，尽管它看起来很奇怪，因为这个"斗鸡"正在学习成为"木鸡"，变得麻木、无反应、木讷。蝴蝶的故事则有助于我们理解这个过程，我们可以将其描述为通向"大觉"的过程。"大觉"是一种高级的精神状态，它超越各种各样的"小觉"，这是一种超越所有视角的意识，即道。这让人想起了斯宾诺莎提出的意识的三个层次：第一层仅仅是意见或传闻；第二层是理解因果关系或理性；最后一层是在上帝中的统一，万物一体。尽管我们受邀去经历或克服这些独特的差异和身份，但仍然存在一种"超验的自我"。这种否定性的运作给读者造成困难，因为行动的统一性变成了无行动（无为），意识的统一性又变成了无意识，以此通向道。[1]

在《庄子》中定义某种先验的自我的困难之一在于，对于庄子而言，先验的自我这个概念是动态和开放的：个体被视为独特的但不断变化的存在。无限的道被视为个人要去顺应的终极本源，从而将个人的心灵从束缚中释放出来，进入一个无限开放和自由的境界。从根本上说，"超验的自我"就是"无我"。其意义在于将个人的心灵释放到一个完全自由和无拘无束的空无之中，从而对所有个体的任何可能的发展都抱持一种无限开放的态度。因此，由于没有必要执着于任何事物，由于个人精神符合自由的、开放的、动态的道，一个人就会对自己的"成心"或已构建的"自我"保持开放、自由和灵活的态度。相反，这

---

[1] 否定性的运作指的是"无-为"、"无-意识"，而"无为"和"无意识"恰恰是通向道的通道。下文将论及"超验的自我"其实是"无我"。——译者

并不妨碍自我形成一个整合或完整的实体,这与中国文化通常的倾向相反。根据儒家的思想,自我是"普遍的整体"中的"不完整的部分",但庄子则不同,庄子的自我可以独立于其他实体和社会而存在。在这种情况下,我们就要提及"自然"这个概念。这个词在英语中经常被翻译为"nature",尽管在古代汉语中,它的原意实际上强调了"自我开启"或"自发"的意思,因为"自"的意思是"自我","然"的意思是"本身"。我们稍后还会回到这个概念上。

最后一个问题是"忘我"。"忘我"并不意味着个体的"自我"已经在身体上或精神上完全消解了。我们必须注意到,庄子提到的"吾丧我"这句话中有两种不同的"自我",第一种是原始的和天生的自我,和道本身一样自由、开放和自发的;另一种是社会建构的自我,是固定的、封闭的,受其世俗存在的约束。应该被忘记和丢掉的是后者,而不是前者。否则,我们便无法理解为什么在其他地方,庄子嘲笑和谴责那些世俗之人"丧己于物"和"逐名丧己"。当庄子敦促个人顺应道,他实际上解放了个人的心灵，让其进入一个无限的自由的领域，人将不再受到被其称之为自己但实际上却是人为构建的"自我"的约束，更不用说任何其他政治、社会和文化的控制与限制。一方面是张毅式的经验的自我，它是灵活的，但却是他律的和堕落的，因为它以"外在"为中心：它受外部动机驱动；另一方面是单豹式的超验的自我，它是自主的，以"内在"为中心，但它的倾向却是孤僻的、僵化的、不灵活的和封闭的。这就是先验的自我和经验的自我之间的对立，而庄子想要克服这种对立，不落入其中任何一种存在方式的陷阱。

## 3. 中道

本文的结尾处仿佛揭示了这个故事的寓意，庄子在这里邀请我们将自己置于一种"中道"。"不要太深入而潜藏，不要太表露而显扬，像柴木一般静立于中央。三种都能做到，可称至人。"换句话说，不要陷入内心深处，不要成为外在现象的俘虏，在这两个极端之间找到某种"正确的道路"。我们在这里遇到了一个非常经典的规范性的理想，即

"中心"或"中间状态",我们应该仔细推敲一下这个概念。

在希腊思想中,我们在德尔斐神庙的箴言中就遇到了这个延续很久的原则。除了"认识你自己,你将认识众神和宇宙"之外,阿波罗神庙的墙上还刻着"凡事勿过度"。它还有其他的名称——"中庸""中道",或"恰好的平衡",即两个极端之间的理想中道;一个是过度,另一个是不及,两者自身都存在缺陷。这一原则不但是道德的理想和实践的理想,而且还是美的属性以及理论的理想("理论"一词的希腊词源就是"看")。在这种情况下,可以说我们遇到了在柏拉图那里就有着并列或重合的三个奠基性的先验概念:真、善、美。这些都与"中道"有关。这个很好理解,因为在没有过度的情况下,在平衡的理念中,通过对称和比例,我们就能发现一种和谐的理念。真,是因为世界的秩序是匀称的;善,是因为一切都获得了适合它的东西,它应得的东西,没有多,也没有少。任何过度都违背了这些宇宙的法则,违背了那些存在的原则。

在伦理层面上,"美"作为爱的动力和对象,不仅在个人生活中被效仿和再现,而且在城市(政治)的指导中、在教育和艺术中也被效仿和再现。任何不尊重这一原则的过度行为都被认为是狂妄自大（骄傲、傲慢、专横，这是一种会受到惩罚的"罪"，正如我们在伊卡洛斯的故事中所看到的那样。伊卡洛斯无视父亲的警告，飞向高空，造成了众所周知的后果）。在亚里士多德的伦理学中就有着对"均衡"和"过度"之对立的著名论述，例如，勇气被认为是一种美德，它介于懦弱、勇气不足、过度恐惧和鲁莽、冒失、勇气过度之间。在鲁莽或冒失的情况下，一个人过于自信而对危险缺乏关注，无法意识到自己行为的可能后果。

自亚里士多德以来，我们所说的"恰当的中间"，与其说是位于两个极端之间的等距离或中间的位置，不如说是两个有问题的极端之间的平衡，是避免过度和不及，因而是最佳的居间位置。它被定义为"恰好的"，而不是一个中间或平均的位置，但却是一个卓越的、完美的、最佳的位置。在亚里士多德对勇气的定义中，勇气就不是一个"精确的中间"，因为它在某种意义上更接近于鲁莽而不是怯懦。因此，任何有智慧的人都会避免过度和不及，寻找正确的中道。有智慧的人所选的偏好不是根据对象，而是根据他自己，即做判断的人本身。这一原则适用于我们的行动、激情、感觉或情感，也适用于我们的决定和态度。

我们在佛陀（公元前6世纪）的教诲中也遇到了中道，它首先是作为一种伦理或心理学的原则，作为宗教苦行主义和世俗自我放纵这两个极端之间的道路。佛教传统将这个规范性的理想视为佛陀觉醒后的第一个教导。在佛经中，佛陀将八正道描述为节制的中间道路，介于纵欲和苦行两个极端之间。一边是常见的、平庸的物质或身体快感带来的诱惑，这是凡夫的生活方式，是低俗的；另一边是沉迷于"崇高"的自我修行，艰难而痛苦。两者都被认为是上瘾的、不值得的和无益的。中庸之道则避免这两个极端，提供了对现实的正确看法，它产生知识，它导向平静、洞察、开悟和涅槃。它是八正道，因为它践行正见、正思维、正语、正业、正命、正精进、正念、正定。在更为本体论的层面上，佛教提倡一种介于永恒主义和虚无主义之间的中道概念：事物既不是不证自明的物体、永恒和独立的物质或形式，也不是纯粹的幻觉、虚无主义的非存在。这种中庸之道是通过"缘起"的思想来解释的：这是一种因果的相互关联的原则，一种动态的、反身的因果系统，它把所有对象和现象的存在都描述为彼此的果：万物既是因也是果，或是缘。当其中一个因缘改变或消失时，所产生的对象或现象也会改变或消失，而依赖它的对象或现象也会改变。在大乘佛教中，龙树菩萨在发展作为认识论和本体论的中道（Madhyamaka）方面很有影响力，他的立场介于两种形而上学主张——事物最终要么存在，要么不存在——之间："一切都存在，这是一个极端；一切都不存在，这是第二个极端。"所有的现象都可以被解释和设想为"瞬间的聚合"，因而是介于存在和不存在之间的东西。他解构了许多用于描述现有事物的词语，导向了对作为终极现实的"空（Sunyata）"的洞察。

在中国传统中，我们遇到了"中庸"的概念，它的字面意思是"不偏不倚"，它也被翻译为中庸学说、恒常的中庸、中道。我们所熟知的中庸概念来自子思所作的《中庸》这本书的书名，子思是孔子的孙子，也是儒家的推广者。但中庸这个概念早在周代就有所提及，尤其是在著名的《礼记》中。这些作品是儒家典籍的核心作品。就像在亚里士多德那里,美德被认为是两个极端之间的中间部分,这同样也是儒家和中国哲学的一个关键思想:过犹不及。在《论语》中,孔子说:"中庸之为德也,其至矣乎!民鲜久矣。"虽然孔子告诫我们,对中庸相关的问题我们很无知,但《论语》并没有详细说明这一术语的含义。

但作为儒家传统的《中庸》一书有提到中庸的内容。中庸的目标是通过引导心灵达到持久的安宁状态来保持平衡与和谐。遵循中庸的人在率性之道上,不可须臾离道。我们可以看到,中庸主要是一个伦理原则,它具有社会和政治意义,也有着非常具体的应用。例如,君子的行为与他在这个世界上的地位相符,但他仍然是一个谨慎或温和的老师,对小人不会显示出蔑视。同样,老百姓也可以实践中庸,确保不逾越自然秩序。这一学说所关注的主要品性是:适度、公正、客观、真诚、正直、得体,这是中国传统和儒家的准则。中庸的主导原则是,人不应该在任何事情上有过度的行为。子思所著的《中庸》分为三个部分:1. 轴心,涉及形而上学;2. 过程,涉及政治;3. 至言,涉及伦理学，主要是诚。形而上学方面涉及中国传统的宇宙论和本体论观点，将宇宙与人联系起来。天命之谓性，率性之谓道，修道之谓教。在这样的世界观中，诚是一个至关重要的概念，因为它指的是一个人的真实本性，这使他能够与其他存在，包括动物和物体相联系，从而与"天地之化育"相联系，因此与整个宇宙相联系。近来对中庸学说的批评涉及这种观点所带来的持续妥协精神。例如，这种态度没有意识到有些情况或行为值得绝对否定。它是辩证法的障碍，因为它通过强调保持平衡与和谐来阻止质变。

在此，我们应该指出，这种对中庸的批评，其灵感源自一种不同于中庸的"中"的概念，它来自黑格尔，后来被马克思采用和改造。黑格尔所感兴趣的不是"中"这个概念本身，而是中介（mediation）这个概念，这是一种"中的行动"，它是非静态的，这更符合黑格尔对存在和思维的动态看法。对黑格尔而言，中介是在正题和反题这两个环节之后的辩证法的第三个环节，通过辩证法，正反双方的对立能够导向合题，这就意味着过程中产生了质变，也可以称之为进步。这不是"和解"、"让步"或"中间性"

的问题，而是在否定性的对抗中非线性地产生出一种新的现实，从而打破了"中"的二元传统。对他来说，这种"中介"是现实的一个基本方面，是一个永久的否定和替换过程，是对循环和线性过程的调整。在某种程度上，正如任何事物都可以在一个永久的因果过程中被思考一样，对黑格尔来说，任何事物都是在一个永久的肯定、否定和扬弃的过程中构成的，这就意味着"中介"是存在的实质。我们可以说，相比于那种作为绝对者的实在的、永恒的"中"，这种"中介"更理性，更少神秘感。

最后，在西方，我们还应该提到法国哲学家布莱士·帕斯卡，他以一种奇特的方式处理了"中"的概念。他把"中"视为未定义的"中间"，它既是事物的现实，又是正确的位置。在一个要么"赞成"要么"反对"的世界中，他在寻找一种能够超越这种二元对立的立场——这种立场与两个极端等距，或者悬空于它们之上。但奇怪的是，他的这个立场并非因为理想，而是他要站在"多数人"这一边，去捍卫"平庸"，而这个词的词源是"中庸"。因此，他与普通人结盟，反对"有点智慧的人"、"聪明人"或学者，因为他们想让自己与众不同。"只有平庸才是好的，离开中道就是离开了人性。"他的"快乐的中庸之道"哲学推崇的是在智慧和疯狂之间保持节制，这是一种谦卑，反映了我们作为卑微的罪人的规定性。他有一句为"中"辩护的名言："人从本质上讲究竟是什么？对于无限而言，人空无一物；对于空无而言，人又是万有。人是一个介于空无和万有之间的中心点，而空无和万有这两者都远非他所能理解。事物的起点与终点对他来说一直是被遮蔽在一个摸不透的秘密中。他同样没有能力看到他是从无中产生，但又沉浸于无限之中。"帕斯卡式的观点属于顺从的、平庸的人的观点，这种人只能以服从以及神秘主义的方式成长，因此应该接受"中"的现实。

在《庄子》中，"中"起着非常重要的作用，它有一个具体的名字——"枢"。"枢"以一种相当彻底的方式发挥作用，这与龙树使用它的过程很相似。与其他许多指称"中"的方式不同，对于"枢"而言，没有什么是预先定义的：任何特定的预设都会成为这个"中"的障碍，因此它始终处于不确定的状态。由于这个原因，它触及了非常关键的本体论问题,并质疑任何固定的范式。下面这段话很好地抓住了"枢"这个概念。"因此,圣人不是试图通过逻辑辩论来证明这一点或那一点,而是以直接的直觉来看待所有事物。他没有被'我'的限制所禁锢,因为直接的直觉的观点既有'我'也有'非我'。因此,他看到每一个论点都有其所是和所非。"[1]我们不仅应该质疑论断和观点,还应该质疑"我"本身,即说话的主体,当然这不是否认主体的存在。圣人还看到,"一旦是非与道枢相联系,它们最终都可以被还原为同一事物"[2]。在此我们提醒读者,"道"具有不确定的本质,因此它超越二元对立。而这里提到的"直接的直觉"并不等同于某种类型的证据,反而恰恰是一种"非证据",一些奠基性的和无法定义的原初现实。因

---

1. 作者引用的是英文翻译:"The wise man therefore, instead of trying to prove this or that point by logical disputation, sees all things in the light of direct intuition. He is not imprisoned by the limitations of the 'I', for the viewpoint of direct intuition is that of both 'I' and 'Not-I'."(Thomas Merton, *The Way of Chuang Tzu*, pp. 42-43)参考《庄子》原文:"是以圣人不由,而照之于天,亦因是也。是亦彼也,彼亦是也。彼亦一是非,此亦一是非。"作者使用"直接的直觉"对应《庄子》原文的"照之于天"。——译者

2. 参考《庄子》原文:"彼是莫得其偶,谓之道枢。"——译者

此，"社会"、"和谐"或任何道德原则都不会被定义为思想和行为的根基。相反，任何试图建立这种根基的做法恰恰代表了问题所在。这种立场符合我们之前描述的庄子对道德的怀疑态度，这种对道德的批评只是他对任何既定教条的普遍怀疑的一个具体的例子。庄子并不完全拒绝理性，他批评"这就是这，那就是那"，但并不是要否认它的实在性，而是要警告我们注意这种分别或对立可能带来的幻觉和滥用。我们最终会相信那些论断或理论，而失去对我们本应该一直关注的终极视角——"道"——的追随。我们也可以使用佛教中对世俗谛和胜义谛的区分来帮助澄清二者。

庄子选择"枢"这个概念而不是"中"，这一点是相当重要的，这是为了提醒我们现实具有动态性。中国传统的"和"的概念很容易将我们带入"至善本性"的静态视角，这种至善本性无论是对宇宙还是对社会都是一种既定的平衡。但这不一定是事实，正如我们在《易经》中看到的那样，《易经》全都是关于过程的；但庄子却在知识分子和日常实践中看到了一种强烈的倾向：制定以及强化思想和行为的固定规则。他提醒我们存在着循环，提醒我们对立双方是如何相互促进的。"生命之后是死亡，死亡之后是生命；可能变成不可能，不可能又变得可能；是变成了非，非又变成了是。——生命的流动改变了环境，因此事物本身也反过来被改变了。"[1]一旦是非与道枢相联系，所有对立面最终都可以被还原为同一事物。当圣人掌握了枢，也就位于环中，因而"是""非"在环上相互追逐时，他矗立在环中不动。道枢穿过环中，而环中是所有是非的集合点。得其道枢之人能够矗立于一个静止的位置，在这个静止的位置上，运动和对立被置于一种合适的关系之中。因此，他看到了"是"和"非"的无穷可能性。放弃了所有施加限制或偏向某一方的想法，他就会安于直接的直觉中。因此，《庄子》说："不如放弃争论，寻求真正的光明！"[2]

在这样的描述中，我们可以观察到一个完全不同的"中"的概念：它不是位于两个对立面之间的地方，而是在

---

1. 参考《庄子》原文："方生方死，方死方生；方可方不可，方不可方可；因是因非，因非因是。"——译者
2. 参考《庄子》原文："彼是莫得其偶，谓之道枢。枢始得其环中，以应无穷。是亦一无穷，非亦一无穷也。故曰：'莫若以明'。"——译者

其他地方。为了达到"枢",我们需要彻底摆脱预先建立的对立,直到到达这样一点——对立似乎是徒劳和无意义的。"枢"不仅不在对立双方中的任何一方,而且在对立本身之外,甚至在维持对立的范式——矛盾律——之外。因此,每一对对立面都是达到中心的机会,而中心就是赋予一切事物以"现实"和"非现实"的那个枢。这让我们想起了龙树菩萨的原则:当我们面对 A 和 B 之间的对立时,真理不在 A 中,也不在 B 中;也不在 A 且 B 中;也不在非 A 或非 B 中;而是在其他地方。这个方案实际上是要把我们引向无条件的、万物的绝对中心,就像庄子要把我们引向道枢一样。这多少让我们想起了古代神秘作家赫尔墨斯·特利斯墨吉斯忒斯对上帝的著名的定义:"上帝是一个无限的球体,它的中心无处不在,圆周无处不在。"这样的主题在传统中以不同的方式被提起,例如库萨的尼古拉或斯宾诺莎都有提及。一般的想法是,事物必须在不确定的超越性——上帝——中被充分地思考,它是所有事物的中心,它是绝对的,只有它是无条件的尺度和母体。"道"是神秘的、无界限的,并且在某种程度上是无处不在的中心。

就像万物的现实只能在上帝那里被把握一样，万物的充分现实也只能在道中被感知。

现在让我们回到庄子的故事中来。两位"主角"的生活方式都受到了批评，他们被比作牧羊人，被指责没有"鞭策自己的不足"。顺便说一下，这与基督对迷途羔羊的"温柔关怀"的态度截然不同。我们必须严厉对待自己的过失，因为我们面对的是自己宝贵的生命。这个故事的讽刺之处在于，在故事中它是经孔子之口说出的，但可能是由庄子杜撰的。尽管孔子在这种情况下说的话是有道理的，因为当下的"中"与人的行为有关，而这正是孔子的专长。孔子提出的理想状态是"像柴木一般静立于中央"，像树干一样一动不动，而这正是庄子对儒家伦理所批评的：正式而严肃、完全固定的原则。当然，还可以保证良好名声——"其名必极"，这是传统中国非常关注的问题，但这却让庄子质疑大多数"善行"背后的动机，即得到认可。孔子的"中"是确定的、僵化的，相反，他的批评者庄子的"中"则是未知的，不确定的。我们所知道的是，它与被早已被描述好的内容无关，既不是对立面中的一个，也不是它们的中间，而是在其他地方。

让我们举一个具体的例子来说明庄子对孔子的"中"所做的转换。在许多传统中，无论是亚里士多德主义还是儒家，节制和适度都是被推崇的。它们代表了中庸之道的智慧，是一种实践智慧，一种诉诸常识的最佳行动方式。在这里面有一个或隐或显的范式，它包含了"健康的关系"这一观念，以及随之而来的高效概念，因为与他人的良好关系使我们能够追求和达到我们的目标，即不应该伤害任何人，人们应该尽可能地觉得我们很好，这样我们就能获得我们想要的东西。尊重别人，你也会被尊重：这全是关于付出和回报；在道德的外衣背后，有非常务实的考虑。如果绝对者、上帝、道是中心，所有这些实际的或道德的考虑都会变得细枝末节、微不足道和无足轻重。在大多数琐碎的人类努力中，无论它们多么高尚，又有什么值得尊重的呢？但当然，这样的态度似乎是傲慢的，把自己置于他人之上，对于那些把人类共同的考虑、目标和关注点放在心上的人，这种态度是不可容忍的。这种态度的一个特点是希腊人所说的 parrhesia：说真话的能力，不考虑"他者"的敏感或接受度。真理是关键,真理是中心,其他任何东西都是多余的、浅薄的、无足轻重的。而在这个意义上,关注真理的庄子将"道"视为中心,因为"道枢位于所有是非交汇点的环中"。在这个环中,没有对错,没有对立。这让我们想起了库萨的尼古拉用来定义上帝的"non-aliud(非–他者)"。除了上帝,即"非–他者"以外,凡存在的任何东西什么都不是。

让我们在这里看看作者的另一个想法。庄子喜欢概念性的比喻,他在一段话中使用了"环"的比喻。[1]他写道:"有了枢,才能进入环中,正因为如此,思维才不再贫瘠。"[2]环的中心在环的外面,但同时又在环的里面,这是一个奇怪的、有矛盾的内和外。在某种程度上,我们当然可以说手指在戒指里面,就像我们说我们在"隧道里面"一样。戒指只不过是一个小而短的隧道,不能容纳整个手指,

---

1. 在英文中"环"和"戒指"是同一个词,即 ring。《庄子》原文中用的是"环",本书作者采用"戒指"这一更具体的意象或比喻来阐释庄子的"环"这一概念。——译者

2. 参考《庄子》原文:"枢始得其环中,以应无穷。"这个英译很有趣的是把"无穷"翻译为"(思想)无(贫)穷"。——译者

因此，手指不在戒指里面，因为没有被容纳。主要的一点在于，"中"在某种程度上是"外"的："中"是一个"无有"（non-something），这是庄子看重的一个原则，它适用于不同的概念，如无为。可以说，由于这个原因，由于它的非物质性和它位于"空"中，环的中心其实是没有实际存在的。同时，我们必须认识到，如果没有这个"中"，环就不会存在，因为它是构成环的存在的根本。这既是概念上的原因，因为没有中心就没有圆；也是物质和起源上的原因，因为制造戒指的人一开始很可能需要先确定一个中心，从而围绕它来制作这个戒指的圆环。如果没有意识到或思考这个问题就会"使思维贫瘠"，因为我们没有意识到作为圆环的戒指的本质。[1] 我们被"困在"对象中，"成为对象的对象"，而不是像庄子所描绘的那样，通过"回到事物的起源"来解放自己。换句话说，庄子用贴切的表述邀请我们思考这个环存在的可能条件。在这种情况下，我们

---

1. 如果没有意识到有环中，思维就会处在二元对立中，就是贫穷的；而意识到了环中，二元对立就破解了，思维就不再受限于对立，而变得无穷。——译者

应该补充一点：与纯粹的认识论或本体论意义相对应，我们可以设想一下"环"的心理学意义。作为戒指的环在中国文化中是财富的象征，因此，那些只看到戒指这个物体并迷恋它、迷恋拥有它的人，或实或虚地，都会停止对戒指这个东西的思考，从而"变成这个东西"，因而"使他的思考变得贫瘠"。因此，"富人"实际上是"穷人"，因为他没有摆脱贪婪，这是庄子反复提到的主题。"枢"这个动态的、实质性的本体论中心，是一个消失的点，而围绕着这个点却能获取充足的知识。从物质的角度、逻辑的角度、心理学的角度、本体论的角度等，这个枢都是"他者"。

从这个角度看，关于庄子是怀疑论者的批判就可以被化解。庄子的确不接受任何特定的立场，不管是什么说法，他都会对其进行批评，因为你不能明确地断言"这就是这"或"这不是那"，而这是任何断言的基础。但这并不是因为它从根本上是错误的，问题在于我们给我们的语词赋予了太多的价值，我们太重视这种语句。我们没有把语词和语句放在适当的视角，而它们其实处于一个给定的范式中，但我们没有意识到其范式的有限性。同时，有一个绝对的、无条件的东西，但问题是这种"根基"具有相对的无限定性。这有点类似于柏拉图的辩证法，我们必须从不同层次的假设中慢慢向上移动，以达到第一原则，即知识的最高形式，它是非假设性的，但不是不确定的。"非假设性"既是一个必要条件，又不能被制定，这两个特点使它与"假设性"相对立。这种非假设性在本体上是一个起点，但作为思维过程的产物，它要作为一个最终的前提被引入。同时，确定这些非假设性原则的性质要付出相当复杂的努力。它开始类似于信仰的飞跃，尽管理性指向了它。柏拉图的"洞穴比喻"中的"太阳"形象作为真理的源泉，显示了这种悖论：它越是发光，越是照亮，就越是不可见，因为它会使我们失明。

还有一个方法可以理解庄子对哲学学派和与之相反的思想之间的争论所做的严厉批评，[1] 这与他的枢这一概念有关。论断或理论不应该被当作确定无疑的，我们不应该"相信"它们，不应该执着于它们。它们仅仅是普遍性的哲

---

1. 这里指的是庄子对当时儒家和墨家之间的争论的批评。——译者

学结构、既定范式所产生的结果。以庄子的视角主义来看，这些范式只是看待一个特定现象的不同方式。这些对立或差异不应该被定性为"真或假"，而是应该被理解为观察现实的不同侧面的方式。这并不是说要禁止某些哲学上的偏好，正如我们在对"视角主义"的分析中所看到的，而是我们必须牢记并接受：视角的多样性是现实的一个重要方面。从"枢"的角度来看，我们可以以一定的距离观察事物的多面性、万花筒式的性质，牢记可知世界的"无根基的根基"。一切都"围绕着道旋转"，一切都来自它，并在它的"神秘"影响下相互作用。在这个意义上，"道"既是"中间"也是"中介"，"中介"是一切发生着的事物的"实体"，它为所有现象提供实体性和可理解性。在这样一个框架内，确定相互对立的论点之间的"是与非"变得毫无意义；我们只需从不可避免的、实质性的"中"的立场出发，看看它们之间的关系，以及它们意味着什么。

## 4. 有限性

现在让我们借"有限性"这个概念——它似乎很好地

表达了庄子的想法——来考察这个故事的存在维度，为我们的分析做总结。有限性是指有限的或受限的性质或状态。它描述的是有限的东西，即在某些方面有其局限性的任何事物。这种有限性或限制有不同的类型：时间、空间、条件、结构，等等。对人类来说，由于其存在受到死亡的限制，有限性主要被理解为与时间联系在一起。因此，对于人在本质上无法永生的境况来说，这是其特征，甚至是一个定义。但这种必死性并没有穷尽有限性的概念。有限性也包括我们的不完美，我们的脆弱，我们的无能，我们的无知，我们不同类型的弱点，如身体的、心理的、社会的，等等。

以后现代性为代表的有限性哲学认为，我们有限的生命体验是人类知识的终极地平线。没有绝对的真理，对绝对的思考是虚伪做作的，我们无法接触到绝对的概念。客观性或确定性也是如此。我们没有理由声称一个确定的现实是什么，无论是上帝、我自身还是世界。我们是有限的、受限的、在特定的时空被随机地"抛"到世界上的贫乏的生命，认识到这一点就会使所有声称能获得终极真理的论述失去意义。我们只能保持作为世界的某种陌生人的身份。但是，正如现象学所宣称的那样，我们可以转换视角：有限性可以成为我们存在的积极决定因素，有限性确立了我们存在的轮廓，让我们对我们的存在可以做出明确的判定。同样，能够意识到我们的有限性和不稳定状况恰恰是我们存在的一个基本方面：我们觉察到，我们不可避免的身体的衰退以及我们存在的脆弱性反而赋予我们的存在以价值。布莱士·帕斯卡的"尊严"概念很好地体现了我们有限的自我的"升级"："人之所以伟大，是因为他知道自己是悲惨的。"

在这个故事中，对于庄子而言，有限性的表现是什么？人们应该把《庄子》中的那些小故事看成微小的戏剧作品，这些作品以一种无害、柔和但又高度浓缩的方式，悄无声息地捕捉到一些根本问题。让我们来看看本篇故事的开场部分。威公和《庄子》中的许多贵族一样，关注知识和学问。然而，具有讽刺意味的是他代表了"文化"的浅层次、贪婪、形式化和浅薄。因此，他想从祝肾那里学到人生的一课，而祝肾显然是这种艺术的大师，是一个智者。他问田开之,将他称之为大师的"朋友"[1],可能是为了奉承他,因为我们知道他"只是"侍门庭之人。出于不同的原因,奉承这个主题反复出现在《庄子》中。首先,它是传统社会规范中的一种道德义务,向"他者"示以尊敬,这被称为"尊重"。其次,它意味着为了使对方感到"好"或"重要"而向对方撒谎,但却不告诉他真相。最后,它是一种操纵性的语言形式,因为一般说来,它是为了从对方那里"获得"什么而产生的,哪怕仅仅是从对方那里获得一种同样的奉承话语。这个对话很有庄子的味道,其"戏剧性"或"喜剧性"的维度在于威公这位贵族和有权势的人正在向"身份低下的"侍门庭之人寻求"建议",而这一视角与文化不符。

面对"虚假的"言语,田开之的回答具有双重性。首先,他不接受这个"谎言",而是谦虚地表示他只是一个"侍门庭之人",与一把扫帚打交道,而不是与"伟大"的

---

[1].《庄子》原文并没有直接提到威公称田开之为祝肾的朋友,而是说:"吾闻祝肾学生,吾子与祝肾游,亦何闻焉?"本书作者参考的英文翻译为"I hear that Chu Hsien is studying how to live. You are a friend of his--what have you heard from him on the subject？"——译者

思想打交道。其次,他提出了他的"存在",而不是"言语",无论言语多么有深度。他甚至惊叹,自己"仅仅"作为一个侍门庭之人怎么会从大师那里"听到"什么呢。当然,他是在反讽,因为后来我们发现,他的确学到了一些东西,即他后来所讲述的这堂"课"。但首先他指出他不会加入这种社交游戏,他是以侍门庭之人的身份说话,而不是以"大师"的朋友的身份说话。最后,他明确区分了这两者:存在的现实和对生命的"智慧"论述,并且把前者放在首位。不言而喻,课堂已经开始。他请威公放弃玩这些愚蠢的虚假游戏,让他认识到言语仅仅是一种言语,而存在才是第一位的。

有限性的概念在此被引出,即领悟到我们的生命之有限,我们的身份和功能之确定,这就是有限性的本质,而言语不能使它自己超过它的本质。言语可以创造某种类型的"现实",但这种"现实"是相当虚构的,而且是在我们的存在之外的:它不能真正修改我们的存在。威公似乎不太理解他得到的答案[1],但他很坚持,他想知道而非理解田

---

[1] 他不理解田开之说自己"操拔篲以侍门庭,亦何闻于夫子"。——译者

开之所说的内容。这个结构是典型的贪着——对权力、财富，甚至知识的贪着：我们只看到我们想要的东西，而不是我们拥有的东西。庄子认为，这种贪着使我们偏离了道。同样，威公告诉田开之"不必谦虚"，他只能对这个答案做出道德上的解释，而不是存在论上的解释，这证实了我们对他的范式的猜测。

但田开之是慷慨和耐心的，他同意了威公的要求。当然，他也可以采取强硬的方式，但我们也能理解，毕竟拒绝当权者的要求是很难的。所以田开之给威公分享了大师的一句话，但仍然很隐晦，让听众摸不着头脑："善于养生的，就像牧羊一样，看见落后的就鞭策它。"威公必须思考，而不是被动地接受一份好的食谱或一个明智的建议。但他却要求得到进一步的解释，而不是试图给出自己的理解。

让我们试着遵从他的要求，对这个比喻进行解释。首先，生命不只是一个给定的东西，生命是活生生的，它需要得到滋养，我们每个人都要对这种必需性做出回应。在这个意义上，生命是一种责任，正如萨特所说，必须对它做些什么。它不是我们被动接受的东西:为了维持生命本身,必须做些什么。当然,生命在这里不仅仅是一种生物现象,而是存在,是我们人类多年来所构建的。萨特会补充说,这种存在决定了我们的本质,决定了我们是谁,这就是我们自我决定的自由。但是滋养生命就像照看羊群:我们必须看着它们,照顾它们。根据这个比喻,牧羊的主要问题之一是"注意落后者"。"落后者"是指在一群人中最后或最慢做某事的人,比如最晚抵达比赛终点的那一个,最后一个到来或离开的。因此,它意味着某种缺失、低效、不足、缺乏、弱点,这就是有限性的概念。当然,如果我们很在乎,我们就必须保持清醒,观察和意识到这种情况。但庄子并不只是请我们注意那些"落后者",而是要"鞭策他们"。这个建议相当有趣,特别是对于那些认为道家哲学或庄子只是会建议在沉思中不抵抗,顺势而流,欣赏天上的太阳轨迹的人而言。与那些将庄子视为某种花哨的和平主义者的人所想不同,这里有着存在的动态维度:行动是必要的,有时我们甚至必须激烈地行动。换句话说,为了滋养我们自己的存在,我们必须意识到自己的有限性,但也要尽可能地对其采取行动。

接下来,作为这个问题的案例,作者描述了两个对立的人物:受外在决定的张毅和受内在决定的单豹。我们已经对他们各自的性格进行了分析,现在让我们从存在的一般角度来看看其中的含义。在这一点上,我们想提出一个概念,即"存在的弧度"。每个实体、物体、动物或人都有一定的存在方式,都有与宇宙、与其他实体互动的特定方式。而这种互动或多或少是有倾向的,或多或少是向外或向内的,或多或少是有力量的:与它所不是的东西相比,这就是这个实体的存在方式。因此,故事中的两个人物和其他任何人都是如此。这种"存在之道"有一定的方式和功能,有一定的性质,有其优点和缺点。作为一般原则,实体的长处也会成为弱点,其短处也会成为优势。因此,外在强大的张毅却得了"内热之病",而内在强大的单豹则被外在所杀:老虎吃了他。这就是有限性的概念,庄子以简洁的方式,通过两个人的简洁的故事被表达出来。庄子告诉我们,我们都有自己的存在方式,也许有些方式比其他方式更好,但是,我们仍然都受限制,这些限制既是我们的存在，也是我们死亡的标志。因此，我们应该保持对这些限制的清醒认识，并尽可能地在这些限制上下功夫。为此，我们必须从外部审视自己，就像牧羊人审视他的羊一样，并且直面这种限制。为了做到这一点，我们必须牢记"中""枢"，这个不确定的中心视角，它给我们自己和其他人的特定存在的有限性提供了恰当尺度。对庄子来说，存在论的维度与本体论的维度是不可分割的。有限性必须与无限性保持联系。我们的生命必须在与"道"的关联中思考和活出来，否则，我们就会失去恰当的视角，成为自己的受害者。

## 深入和延展的问题

理解性问题

1. 威公为什么要询问田开之？
2. 为什么田开之拒绝回答？
3. 为什么威公怀疑田开之所说的话？
4. 牧羊人的性格代表什么？
5. 为什么田开之用一个故事来回答威公？
6. 单豹代表什么？

7. 张毅代表什么?

8. 这两种生活方式的问题是什么?

9. 这两个人物为什么会死?

10. 孔子提出的理想是什么?

> **反思性问题**

1. 我们应该优先考虑内在自我还是外在自我?
2. 我们能控制自己的人生吗?
3. 我们必须成为自己的主人吗?
4. 为什么经验的自我和先验的自我之间存在着张力?
5. 我们需要一个目标来过好的生活吗?
6. 我们应该屈服于我们的欲望吗?
7. 我们能逃避我们的环境吗?
8. 人类是如何做到既主动又被动的?
9. 为什么我们会受制于自欺?
10. "我"何以成为一种幻觉?

## 第五章

# 相遇

孔子见老聃而语仁义。老聃曰："夫簸糠眯目，则天地四方易位矣；蚊虻嘬肤，则通昔不寐矣。夫仁义憯然乃愤吾心，乱莫大焉。吾子使天下无失其朴，吾子亦放风而动，总德而立矣，又杰杰然揭仁义，若负建鼓而求亡子者邪？夫鹄不日浴而白，乌不日黔而黑。黑白之朴，不足以为辩；名誉之观，不足以为广。泉涸，鱼相与处于陆，相呴以湿，相濡以沫，不若相忘于江湖。"

孔子见老聃归，三日不谈。弟子问曰："夫子见老聃，亦将何规哉？"

孔子曰："吾乃今于是乎见龙。龙，合而成体，散而成章，乘乎云气而养乎阴阳。予口张而不能嗋，予又何规老聃哉！"

——《庄子·天运》

【译文】

　　孔子见到老聃便谈说仁义。老聃说:"簸糠进入眼睛,天地四方看上去就变换了位置;蚊虻叮皮肤,就会通宵不得安眠。仁义毒害骚扰人心,再没有比这更大的祸乱。要让天下不要丧失质朴,你可顺风而行,执德而立。何必如此喧哗,好像是敲着鼓去寻找迷失的孩子呢?白鹤不必天天洗才白,乌鸦不必天天染才黑。黑和白的质朴,不值得争辩;名誉的头衔,不足以张扬。泉水干了,鱼儿相互依偎在陆地上，互相嘘吸湿气，用口沫互相湿润，倒不如在江湖里彼此相忘。"

孔子见了老聃回来，三天不讲话。弟子问说："先生见到老聃，有什么样的评价呢？"

孔子说："我直到如今才见到了真正的龙！龙，合起来成一体，散开来成文采，乘驾云气养息于阴阳之间，我张着口不能合拢，抬起舌头却说不出话，我又哪能对老聃做出评价呢！"

这一篇还是以故事的形式为主，而不仅仅是一段叙述，庄子也借机在此故事的上下文中揭示了他的思想。在这里，一场至关重要的哲学辩论以明显的戏剧形式上演，这是道家对中国传统文化的哥白尼式革命，这是一场思想激荡的"舞台剧"，围绕着代表主流思想的孔子（当然孔子也是开明的）和老子（公认的道家哲学创始人）之间的某种虚构的相遇而展开。我们需要提醒读者，庄子笔下的孔子有着多面性：有时是持赞美的态度，有时则是模棱两可的。在这个故事中，孔子这位大师化身为善意但"愚钝"的学生，正如故事的结尾所言，简直是"口张而不能嗋"。因此，这段对话向我们展示了儒家"人的道德"和"道的道德"之间对立的关键因素。

作为结论，孔子向他的学生坦白了他对老子的敬畏，老子被描述为龙，而龙是力量的关键象征，一般用于帝王。在这种情况下，通过简短的言语，龙准确地展示了他的力量，他在天地间的地位，以及他与最根本的形而上学原则之间的联系。这个人，他的言语，是如此地高于一切，以至于他甚至不能被"评估"，因为他超越了任何尺度，超越了通常的"度量标准"。

**故事内容**

1. 专注（Focusing）

2. 质朴（Simplicity）

3. 高效（Efficiency）

4. 孝顺（Filial piety）

5. 问题（Questions）

## 1. 专注

专注是道家哲学中的一个重要概念。这也是在道家的文化背景下，冥想修行能够默默发展的原因之一。但专注面临两种主要的障碍：外部事件和内部过程，它们妨碍专注或使专注的过程变得无效。从庄子的写作方式来看，他所描述的外部物理事件究竟是字面意思，还是用来比喻心理过程，这一点是不清楚的。但他并不在意明确他的思想，因为这种模糊性对他来说不是一个障碍或问题，而恰恰相反。心灵一定有能力在不同层次上同时运作。然而矛盾的是，为了做到这一点，为了能够以辩证的方式同时思考不同的层次，它必须有能力保持专注。

"簸糠进入眼睛。"簸糠是庄子时常提到的一项活动，我们可以找到不同的原因来理解为何庄子时常提到它。首先，从更为实际的层面考虑，谷物的种植是农业生产的重要组成部分，是提供营养的方式，因此许多人都能理解庄子提及簸糠这件事情，以及簸糠所代表的经验，因为当时大多数人都是农耕者。其次，从更为精神性的层面考虑，"簸糠"象征着一种重要的精神活动：把好的和坏的、有用的和无用的分开并加以分类。这一行动是判断过程的核心，也是庄子所关注的焦点。我们不要忘记，批判性思维中所说的"批判、批评"的表述，来自希腊语动词 krinein，意思是分离、判断、决定。再次，在柏拉图所说的"净化"过程中，庄子关注的是后果：除了产生"好的质料"，也产生了"坏的质料"，产生了一个无用的副产品，而不是没有后果。事实上，它"进入眼睛，天地四方看上去就变换了位置"。在给定的语境中，这意味着完全迷失，任何重要的地标都消失了。因为天地和四个方向构成了我们可以在其中定位自己和其他东西的坐标。如果这些地标"变换了位置"，就没有什么是稳定的了，没有任何空间结构是可靠的了。换句话说，这些糠屑让我们发疯，它是异化的，让我们不再是自己。这种异化则是由我们自己的活动产生的，无论这种活动是多么必要。

下一短句："蚊虻叮皮肤，就会通宵不得安眠。"在第二个比喻中，庄子谈到了他很重视的另一个主题：心灵的宁静。我们再一次从有用和必要的东西开始：在这种情况下是感官知觉。引起问题的原因纯粹是外在的：小虫的攻击，以破坏性的方式刺激我们的感官知觉,使我们成为外部世界的受害者。这种刺痛对我们的影响如此之大,以至于我们无法获得和平的心态,因此无法在身心上得到必要的休息。上一句话更多的是关于认知问题,即失去稳定的地标。在这一句话中,更主要的是心理或生理问题:缺乏平和的心态,而这是智识能力、恰当的行动和与人类存在有关的幸福所必需的。因此,专注呈现了更广阔的视角。

下一句对现代的读者而言,涉及的问题更大,更难理解,尽管我们在上一个故事中已经多多少少开始讨论了。"仁义毒害骚扰人心,再没有比这更大的祸乱。"哪怕对于庄子的同胞来说,这可能也是难以理解和接受的,因为他们沐浴在传统的或儒家的环境中,仁义被视为基本价值。让我们尝试着向困惑的读者阐明,庄子为什么对被普遍接受的价值观进行如此反直觉的批评。其主要观点是,那些儒家的基本美德,仁爱、公平、正义是人类的产物,它们所产生的影响阻碍了对真正美德——道——的追求,道具有一种神秘的、更实质的、更根本的影响。只有"道"才能使世界和谐。"大仁不仁",庄子写道,或者说"仁常而不成"。意思是说，一般的仁都是固定在某个人、某个特定的东西上，所以它失去了更广泛、更普遍的视角。庄子的仁的对象是道的流动性，而不是固定在一个特定的对象上。当然，这种更广泛的视角更难保持，而且它不在我们直接的控制范围内。我们不能验证它的"好处"，我们甚至不能期待有形的结果，尤其是对我们的行为的认可，譬如我们非常喜欢的、来自邻居的感激之情。这是一种我们必须保持的态度，在这里我们只问耕耘不问收获。保持正确的态度本身就是对我们自己的回报，这是一种相当有难度的、关于存在的或心理的姿态，但却更加自由。同样，庄子也批评了仁所带来的"自命不凡"的姿态。当一个人"强行用仁义规范的言论在他人面前陈述，这就是以他人之恶来炫耀自己的美德"。[1] 更为"难以理解"的是，庄子描述了一个人"心怀仁义以赢得人心，虽然也赢得了人心，但是未能超越出来而进入非人的领域"。[2] 这个"非人"代表某

---

1.《庄子》原文为："强以仁义绳墨之言术暴人之前者，是以人恶育其美也。"——译者

2.《庄子》原文为："其犹藏仁以要人；亦得人矣，而未始出于非人。"——译者

种类型的"超人"（overman），与小人相对立。对庄子来说，那些道德特征不是"真人"的一部分，反而使我们担心得太多，它们在这个世界上产生了许多无用的大惊小怪和喧闹。"它们的目的是安慰人的心灵，但事实上却破坏了人的自然恒常。"心灵的平静根植于与道相联系，但这种平静却被（仁义）改变了。因此，仁就被指责为带来了祸乱，因为我们没有专注于现实的适当层面。

## 2. 质朴

"要让天下不要丧失质朴，你可顺风而行，执德而立。"质朴是道家思想中的基本概念，读者会凭直觉感到"质朴"很容易与"专注"的观点联系起来。错综复杂、细枝末节、情境和解释都必然会使我们偏离事物的中心点、本质或核心。在日常生活或通常的讨论中产生的一个常见错误或混乱，就是把事实或现象与它的原因、条件、背景、语境或后果混为一谈，就好像所有这些都是思维的同一个对象。当然，这些不同的要素是可以联系在一起，但仓促的、无意识的心理姿态将它们合并成不可分离的要素。这就好比说"玛丽和彼得是同一个人,因为他们是夫妻"。与这一问题相关,庄子提出了一个著名表述——"莫若以明",某种程度上相当于俗语"所见即所得",或者以更凝练的方式描述就是现象学还原的经验。也就是说,要意识到我们所知觉到的东西,把它与我们的知识、品味和欲望分开,让它成为一种尽可能减少主观性的客观感知,尽管收集到的"信息"仍然是我们的感知。它与古希腊的 Epoché(悬搁判断"或"搁置认同")有关,这个术语在希腊化哲学的各个流派中被广泛使用。看到我们所看到的,而不考虑任何其他因素。最后,我们可以回顾一下亚里士多德让我们区分本质和偶然的警告:在我们的思维中把与事物本质有关的东西("其所是")与外围的、次要的信息分开。

现在让我们研究一下本句中提出的质朴。"要让天下不要丧失质朴,你可顺风而行,执德而立。"这一句开头的大胆之处是需要注意的。因为这种质朴不是简单地针对思维主体,即个人,而是针对世界的整体(天下)。然而,在柏拉图和其他类似的传统中,心灵、思维产生了现实:语词不只是唤起现实,它们还产生了现实。换句话说,一个人决定了世界的性质，一个人使世界变得复杂或简单：世界不是给定的，它是生成的。事实上，复杂或简单的不是世界，而是使其复杂或简单的头脑。同时，作者以一种悖论的方式谈到了"天下失其朴"，这句话意味着世界的原始性质是质朴的，尽管思想有能力让它保持质朴，也有能力使这种原始的质朴受到损害、颠覆或破坏。让我们提醒读者，这种质朴在这里既可以指原始的混沌——万物之母，也可以指道——万物运行的方式。这是人们可能忘记或否认的现实，是一种压抑，这种压抑对世界本身的性质也会产生实际影响，因为我们的良心和思想产生了现实。

因此，为了保持这种原生的质朴，人们应该"顺风而行"。现在，这种存在方式的替代选择或者反面是什么？老子提出这种指引，必然是因为"正常"或"自然"的存在方式与这种建议相悖。在这里，正如常识告诉我们的，最通常的行为方式是抵制风。原因有二：第一个原因是，驱动我们的通常是被庄子称之为"意图"的东西。我们想要某物，我们有计划，有欲望，有目的，有意志，因此我们内在被一种确定的路径所驱动，这很可能不符合风推着我们的"路径"或"方式"。而帆船则是这种规则的某种例外，它应该知道如何"顺风而行"，这真是相当惊人的巧合。但帆船对风的利用已经作为一种驱动力被纳入帆船自身的运作中。一般来说，我们认为风的力量是异化的：它的力量来自外在，与我们无关，因此，当它把自己强加于我们的存在时，就是我们的反对力量。我们倾向于抵制风的第二个原因是，它似乎是任意的，它的力量似乎是随机的，无从感知。而一般来说，人类不喜欢任意性的感觉，当然，当这种任意性来自他们自己时则除外。他们自己的任意性不仅是可以被接受的，而且是受欢迎的，甚至被颂扬为快乐、自由和自豪的来源。

这种对风的抵制如何使事情变得复杂？我们都有这样的经历：我们邀请客人来吃饭，要是他们不好好吃为他们准备好的食物并享受它，而是抱怨食物，抱怨这个太多，那个不够，或者他们想要一些这个，而不是一些那个，或者他们直接想要吃别的东西，而不是盘子里的东西，那么我们可以说这些人很挑剔，或者很复杂，我们对为他们准备食物感到烦恼。道也是如此。宇宙遵循它的进程，巨大、永恒、深不可测,但我们不接受这个最高的秩序,不是顺着它,享受它,而是要反对它,阻止它,要决定我们自己的进程。这有点像中国谚语中"螳臂当车"的说法,它指的是有人过高评价自己,试图阻止一种压倒性的优势力量;这是一种实践层面上的、大胆鲁莽的中式表达。而这正是我们缺乏质朴并使事情复杂化的地方:生活变得更加困难,更加令人担忧,因为我们不知道如何放下自我。

在这一点上,我们本来可以得出以下结论:作者邀请我们采取一种安于现状的宿命论,完全放下自我。但这句话还没完,后面有一个奇怪的表述——"执德而立",这个训诫似乎与该句子前半部分的建议相当矛盾。"采取立场"("立")、"一个人的德性"("德"),这两个表述与"顺风而行"的想法联系起来似乎相当不协调。这也是我们在"无为"中遇到的问题,这种非行动仍然是一种行动。因为实际上在悖论式的道家思想中,真正的力量并非通过遵循一种假想的个人的、独立的行动进程,而是通过与现实的互动、与自然过程的相互作用而被调动起来。因此,一个人不是世界的"受害者",也不是外在力量的傀儡,因为一个人通过尽可能最好地利用现实而使自己的力量最大化。所以，环境成了我们的盟友，而不是我们必须与之斗争的敌人，正是在这个意义上才有了质朴，没有了复杂性。我们崇尚自然的过程，而不是创造复杂的策略。这种态度确实发挥了我们的力量，我们的德性，因为它要求我们成为自己的主人，而不被盲目的欲望或贪婪所驱使，并且获得一种心灵的灵活性，使得我们能够以和谐的方式应对现实。

## 3. 高效

"何必如此喧哗，好像是敲着鼓去寻找迷失的孩子呢？"人们可以立即批评这种说法，因为打鼓可以提醒孩子，把他吸引到噪音的源头，这种寻找丢失孩子的策略是可以接受的。但现在让我们信任作者，尝试从内部、从他的意图来理解他的想法。这样一来，我们将把目前的分析与之前的概念联系起来，即质朴的概念及其对复杂化的批评。在这个问题上受到批判的观点是噪音，它有强烈的象征意味。让我们来研究一下。噪音是令人不快的，它是一种与和谐相背的声音。言语符合理性的和谐，音符符合音乐的和谐，但噪音是混乱的，它没有结构，没有意义，没有秩序，当然我们有时会注意到噪音中的一些重复，而且它可以被识别为一种原因的结果。噪音标志着一些不好的东西，通常是一个问题的症状：吵架、表达痛苦、机械上的缺陷、一些不受控制的过程等等。噪音是低效的，一般来说，噪音表示一个进程没有按照它应该的方式运作。当一个人不能很好地说话时，噪音就是因局部之间不能很好地配合而产生的震动。同样，"喧哗"一词表示一种巨大的噪声，很可能是那些被不愉快的事情刺激或对此感到困扰的人发出的。他们自己的不愉快的噪声呼应了使他们不安的、不愉快的现象。他们是受害者，从他们过度的情绪表达中可以听到他们的苦恼。正如我们在"呆若木鸡"的故事和《庄子》的其他故事中所看到的那样，过度的情绪标志着贪婪、过度的意图、不受控制的自我，所有这些都会产生一种被动的行为，不平静，不自由，也没有效率。

"敲鼓"的物理噪音和"喧哗"的心理（也是物理的）噪音传达了同一种混乱的特质，从根本上疏远了道。与这种嘈杂和低效的过程相反，我们看到自然过程宁静地、天然地发生，与道相符合。"白鹤不必天天洗才白，乌鸦不必天天染才黑。"鸟的颜色（黑色或白色）是既定的，无论发生了什么事件，出现了什么情况，鸟的颜色都保持不变。这些鸟的现实（颜色）是自己发生的，不变的。在这个意义上，它们不是反应性的，因为没有什么能影响它们。起初，读者可能会对需要展开的行动（寻找走失的孩子）与鸟的羽毛颜色之间的这种比较感到相当困惑。这里需要对第一个例子的选择进行说明。一旦了解到中国文化特别地强调父母和孩子之间的关系，就会知道这个特定的选择并非偶然。对家族的颂扬，对借后代来延续生命长度的重视，对祖先的崇拜，这些都表明了当孩子失踪时会有强烈的情绪爆发。我们不要忘记，庄子对生命和死亡的态度是比较自然平和的，正如我们在他妻子去世的故事中所看到的那样。在这个意义上，孩子失踪时也没有必要"喧哗"。因此，对他来说，事情的发生是由某种内在的必然性决定的，而这种必然性是有效率的：它是宁静的、和谐的，如果有意外，那也是过程——我们必须信任的过程——的一部分。

因此，为了保持羽毛颜色的纯净，什么都不必做。在这种情况下，我们可以参考耶稣的话：他的同伴们担心实际的、生存的问题，而耶稣告诉他们，上帝很好地照顾了植物和动物，所以他也会为他所爱的人类做同样的事情。因此，没有理由心事重重，信任和信心是通往幸福、和平和救赎的关键。但这种效率显然是高于我们"可理解"和"可控制"的效率。这种高阶的效率恰恰否定了我们自以为知道和想到的任何效率。

在接下来的一段话中，作者试图综合分析整个问题，这与其对言语和理智的关注相关。"黑和白的质朴，不值得争辩"，这意味着现实性[1]超越了论证，超越了理论思辨：它是"莫若以明"[2]。因此，自然的质朴是超越语言的，这也是为何它是高效的，因为它没有复杂化的可能，我们对此恰恰无需言说。在这里需要提到的一点是，颜色和形式的

---

1. 现实性：如乌鸦之黑和白鹤之白。——译者

2. 原文为"illumination of evidence"，与上一章中的"illumination of the obvious"类似，可以直译为"自明的东西的照耀"，在《庄子·齐物论》中的术语是"（莫若）以明"，即光的直接照耀。现象学中德语Evidenz，英文对应为evidence，常常被翻译为"明见性"，和《庄子》的"以明"有异曲同工之处。——译者

问题是当时中国的学者反复辩论的一个主题[1],而道家的哲学家们对这样一种学术兴趣是排斥的。在另一端,"名誉的头衔,不足以张扬",这意味着在乎名声和赞誉的虚荣心无需提及,其原因与"莫若以明"恰恰相反:它不值得被讨论,甚至不值得被思考;我们应该直接忽略它,因为它是空洞的、荒谬的。

最后,这段话的总结很明确:庄子在此对大多数人际关系进行了批判,他用了一个很刺耳的比喻解释了他为什么拒绝"人道主义"的观点、拒绝仁、拒绝对家的执着,因为它们蒙蔽了心灵。"泉水干了,鱼儿相互依偎在陆地上,互相嘘吸湿气,用口沫互相湿润,倒不如在江湖里彼此相忘。"

作者描述了人与人之间的关系如何必然导向生活和精神空间的萎缩——因为"泉水"很可能"干了"。为了理解这个比喻,我们必须思考一群人、社会团体或家庭,随着时间的推移是如何逐渐变得陈旧、干涸的——因为它封闭

---

1. 主要是指名家,其主要讨论问题有"白马非马""坚白石二"等。——译者

自己，拒绝外界的干扰和贡献。关系变得既定和固化，行为变得僵化，"闭门造车"的气氛开始出现。这些盛行的模式将这个群体的成员封锁在一种不健康的条约中，道被忽视，自由就被剥夺。一种虚假的团结感出现了，人们还自满地称之为"团体凝聚力"或"家庭和谐"。但是，当我们仔细观察这个场景，或者检查这个"木偶戏"表象背后的东西，我们其实很容易注意到这里的"大谎言"，即中文中所说的"吹牛"。社会或家庭生活往往呈现出要么是冷漠的场景，要么是权力斗争的场景（如果不是内战的话）。但为了掩盖这种"干涸"，掩盖这种人格和关系的僵化，群体成员互相"吐湿气"。这种旨在软化困难、减轻痛苦的"湿气"和"口沫"是什么？就是所有的好话，"兜售形象"——我们的家庭是最好的，情感的宣言，标准化的仪式，简化的道德，欲望和贪婪的满足，等等。我们脑海中会出现一个逼真的形象：人们很重视食物，重视那些"欢乐餐"，但家庭成员或朋友之间却没有进行真正的讨论。通过口腹之欲，参与者试图忘记他们生活的空虚，忘记他们关系的贫瘠，忘记他们的对话是空洞的，忘记那些可以被感受到但往往被否认或压制的、深深的紧张和怨恨（否则隐藏的游击战会爆发）。在我们的工作中，我们多少次观察到这种戏剧性的场面！最初关于家庭团结的官方发言总是"没有问题，一切都很好"，但这背后却暗藏着悲伤、愤怒、无能为力的感觉以及失去了意义和喜悦的生活！因此，庄子邀请那些垂头丧气的人拓展他们的思想和存在，拓宽他们的空间，踏上新的道路，摆脱这种欺骗性的、悲哀的道德说教，在广阔的世界中遨游，从而通达道。与大多数人所陷入的家庭或宗法社会的世界观相比，庄子所提供的是一个更滋养人的、更喜悦的视角，在这样一种视角中，我们的"小乐园"严重地限制了我们的大宇宙，而后者才是更有效地完成自我实现，获得快乐、自由的方式。只不过，人们必须放弃"执着"，放弃对失去和无限性的恐惧，因为恰恰是这种恐惧阻碍了存在的高效。

再来讨论仁义。那些微不足道的感情和道德意图干扰了一个人的自发能力，它们阻碍了真正灵活的行动。它们是不自然的，它们是约定俗成的，在这个意义上，它们是道的障碍。庄子认为，仁义的理想——即使它提供了一种虚幻的确信感——是模糊的、不切实际的，在概念上是事与愿违的。在绝对意义上，关心每个人，无论如何都是一个令人费解的、不可行的理想。它通常以一种非常片面的、简化的和有偏见的方式来表达，并且取决于每个人的主观性——因为人与人所关心的对象不同，甚至对象可能是对立的，因此导致冲突。我们对"我的孩子"或"我的配偶"的关注，很容易与邻居口中的"我的孩子"或"我的配偶"产生冲突。关于义，它自然会引起争论和争斗，因为每个人的观点都很容易与他的对话者的观点不一致。追求仁义是白费劲和无效的，因为它导向的是误导性的努力和不必要的骚动。通过这种误导性的努力，投身于仁义反而破坏了人们固有的本性。我们不要忘记，"道"存在于人身上，就像存在于一切事物中一样，只不过与动物（动物除了道之外别无他物）不同，我们有各种各样的意图，分散了我们对道这一强大力量的注意力。这就是为什么在实际生活中，仁义可能是事与愿违的，使我们与道疏远。庄子追随老子的步伐，诉诸自然、自发的模式和倾向来反对"仁"。我们不需要把仁义固定为准则，而只需要运用我们固有的

"德性",通过我们的"德",我们可以在任何情况下都找到自发的"道",而非进行不必要且无效的"喧嚣、忙碌"。这个"德"指的是我们个人天性赋予的潜能、力量、能力或熟练程度,我们可以据此遵循道。

仁义无效的另一种方式是:它们会引起情绪波动,因为它们折磨着我们的心,使我们混乱,造成了无序。而遵循道恰恰是和平、简单和容易的。道德上的正义是对病态环境的绝望、徒劳和不当反应。道德义务是拐杖,一旦我们依赖它们,我们就会阻碍自己熟练地遵循道。道德行为预示着"道"的丧失或对"道"的疏远,扰乱或削弱了我们的主动性,而不是促进我们的健康以及训练我们的先天功能从而使我们的本性蓬勃发展。非常矛盾的是,《道德经》说"绝仁弃义,民复孝慈",就好像有一种表面上的"付出和仁慈",与一种真正的"付出和仁慈"相对立。我们可以这样理解:直接从德性中发出的行为回应了道,实现了仁义的目的,但它却是在行动主体没有打算这样做的情况下发生的。这里有着对"意图"的批评以及"无为"的思想。事情的发生应该仅仅出于行使我们的基本美德,而没有意图和责任的阻碍，因为涉及是与非的道路是纠结混乱的。庄子所推崇的另一个批评角度是"忘"，即我们必须要达到的"真实行动"的无意识状态，例如在不同故事中所描述的庖丁、轮扁或木鸡的状态。就像我们穿上一双合适的鞋或戴上一条合适的腰带，我们会忘记它们的存在。行动必须自主发生。因此，任何对情感执着的额外关注都会带来问题，成为障碍。庄子用一种打趣的方式告诉我们，正确的行动意味着"忘记世界"，就像"人们会忘记彼此"以及"世界会忘记我们"。至此，"和谐"才会成为自然和平的东西，而不是紧张和过度关注的对象。

我们应该说明，庄子并没有从根本上拒绝仁义，这一点需要说清楚。主要问题是我们如何对待仁义，如何应用它。一个重要的批评是，那些道德原则从来没有被确定为绝对或普遍的规范，而只是暂时的权宜之计。它们从来都只是临时工具。对于"古之真人"来说，仁是一种"临时的方法"，义是一种"临时的住所"，他们从那里继续"遨游在蜿蜒的虚空中"，并不以特定的目的地为目标。正确的目标与情境契合，能回应相关方的需求而不依赖预先确定的标准。由于"道"是一个不断转化的过程,人们就必须"作为一个与这一转化过程相关的人而采取行为"。恰当的行为主要依赖于对自己处境毫无保留的、非规范化的体察和反应。道家的文章通常将"道"描述为不断改变和转化的,没有固定或预先确定的边界,但是墨家和儒家思想家试图将"道"与恒定或有规律的规范联系起来。这也是"开放式技艺"与"封闭式技艺"的对照,后者的行动每次都是一样的。开放的技艺则像是"处于平衡状态",而不是一个特定的姿势。它是我的身体各部分和环境之间的关系,由我的身体感觉指引来决定下一步可以做什么。老师可能仍然会批评学生在特定情况下犯了特定错误,他的批评是寻找"道"的有效提示,但绝不能把老师的批评误认为是"道"本身。然而,在《论语》中,"仁"和"义"是君子生活的核心,是《论语》推崇的道德理想。君子"居"于仁,"无终食之间违仁,造次必于是,颠沛必于是",即使是舍弃性命,君子也不会放弃仁。这些价值是普遍的或基本的标准,用于评估或论证行为的正当性。而道家的重点不是道德理论,而是作为实践的道德,它认为正确的态度就是遵循道的道德。因此，道家的批判与尼采一致，他们都反对将道德作为一种文化实践，理由是其对人类繁荣产生有害影响——因为它的姿态"反生命"。我们不应该刻意遵循固定的道德规范来指导我们的行动，相反，我们应该去找寻在具体的环境中最顺应、最合适、最有效或最和谐的前进方式。我们之所以能够在生活环境中坚持下来，是因为我们固有的德性，这就是一种先天的趋向"道的艺术"的能力，在通过训练而习得和发展出技能的同时，这种先天能力也得以完善。我们可以最有效地通过这种能力直接指导行动，而不是通过道德规范的调解。道家和尼采反对把诉诸道德价值的证明或评价作为特许和权威的观点。

持道家立场的评论家往往拒绝把任何更有力、更权威的证明或评价凌驾于暂时看来最合适的行为之上。对道家著书立说者而言，为行动方案提出任何更有力的理由都是毫无意义的，只要这些方案暂时行得通就行。道家对道德的批评可能会将规范性问题和描述性问题混为一谈，认为凡是自然存在的东西都是合适的或正确的。但是，他们并不主张不道德（immorality）或非道德（amorality），也不主张"什么都可以"。相反,他们是在敦促我们:为了遵循道,我们需要更熟练地运用经过训练的回应力。他们的建议有时会与各种道德概念所肯定的价值相重叠,但这种统一的理想不是道德。统一的理想只是通过采取适合的标准来为每一种特定的情况找到合适的道路,这些标准本身可能会随着我们的行动状况而改变。在这个意义上,它是一个实践性的构想,而不是一个理论性的构想。我们行为的改进是永无止境的。因为道不是一条笔直而狭窄的路,我们不可能事先投身其中,也不可能将其表述为一个明确的、有所区分的方案。"无目的地纵情遨游,无拘无束,转换变化。"

## 4. 孝顺

儒家思想以教导三种基本价值观为基础:孝、仁和礼(有时也称为礼的意识)。此外,儒家传统也依赖于五伦的观点,即君臣、父子、夫妇、兄弟、朋友五种人伦关系。父母与子女之间的关系通常以孝的概念来表达,这种关系被认为是所有关系中最重要的基础关系,因为这种关系教导人们尊重和互惠的价值。孔子认为后者是生活行动的原则：己所不欲，勿施于人。因此，仁爱源于孝。

一个有孝心的人不会对身居高位者表示不敬，不会让他们失望，会牺牲自己。尊重进一步与秩序状态联系在一起：如果一个人尊重别人，他就永远不会成为制造混乱或不平衡的人。孝是一种秩序原则，没有孝，混乱就会占主导地位。当庄子说"没有什么比仁义更能祸乱人心的了"时，儒家与庄子的差异就非常明显了。孔子称仁义为秩序，而庄子称之为祸乱。接下来我们将研究庄子这种反直觉的判断的原因。

中国的"孝"字由两个表意文字组成：一个老人坐在一个小孩身上，表示支持和牺牲的意思。在中国，我们发现关于这个主题有一系列非常著名的故事，叫作《二十四孝》，这些故事是由郭居敬于十三世纪左右在福建省写成的，它们在某种程度上以一种让人震惊的方式展现了牺牲对上一辈人的重要性。在很久之前，甚至在前儒家时期就有了孝的思想，例如《易经》就阐述了服从上级的重要性，之后我们看到儒家的《孝经》《中庸》或《论语》中记录了孔子与其弟子曾子的对话。孝的概念不仅在中国非常流行，而且在整个亚洲都是如此，这么多年来它仍然是道德的基础之一。

郭居敬本人以孝著称，他决定写下这二十四个故事，主要描述儿子为父母所做的最慷慨的事。这些故事非常简短，一点都不复杂，唯一的目的是给孩子们一个直截了当的信息。有些故事描述了很残忍的行为，例如儿子砍掉自己的腿来喂养母亲，父亲为了给他的母亲留下更多的食物而埋葬自己三岁的儿子，儿子吃父亲的排泄物以确定他是否还活着，儿子在给母亲吃药之前尝尽所有汤药，等等。在这样的构想中，孩子的身体也被视为属于他的父母，因为他是父母身体的延续，因此为父母牺牲身体是很自然的。

在每个故事的结尾通常都有对这一孝行的评价，有时还会附上一首小诗，描绘这种行为受到何等尊重并且被后人铭记。其中一个故事甚至被称为"孝感动天"，以表明必要的奖励将随之而来。在一些故事中，一个长大成人的儿子反而渴望曾经孝顺父母的苦日子，即使他变得富有，只要能和父母在一起，哪怕是承受饥饿和痛苦，他也仍然希望回到那个艰苦的时候。

这些故事没有提出反思,也没有给出两难的问题,只是直接指出一个人应该如何感受和采取行为;读者不用自己得出结论,因为结论已经给了他:只有当一个人成为父母或作为父母的孩子时,他才具有身份并开始存在。然后,一个人就有了某种意义,不管它是多么痛苦和难以忍受。父母不应该仅仅因为他们生了孩子而赢得尊重以及对他们的好态度,他们通过(身为父母)这个定义就直接能得到这些。这些故事也想给人一种印象:以一种完全融合且痛苦的方式与父母待在一起是一个人所能做出的最伟大和最快乐的选择。父母生活的唯一目的是生存,因为在这些故事中,父母总是处于匮乏之中,总是缺少一些东西,最主要的就是食物和健康。因此,他们存在的唯一需求就是得到一点钱以便能吃上饭,而当孩子帮助他们实现这一需求时,他们就很满足。更有趣的是,感到极大幸福和满足的主要是孩子:他牺牲得越多,他的生活就越充实。这种关系是相互的:父母不应该让他们的孩子离开,而孩子也不应该想要离开。在这里,"己所欲,施于人"这句话发生了可怕的转变，并为最野蛮的行为辩护。仁变成了双方都要享受的心理和精神监狱。感到快乐在这些故事中尤为重要，这意味着如果没有感到快乐就应该对此感到内疚。你应该受苦，但你应该在受苦时感到高兴。尽管从十九世纪开始，这种对孝的激进态度受到了批评，甚至被认为是现代化和发展的障碍，但这种心理结构在亚洲文化中仍然很活跃，例如要和父母分别或让他们自己生活，子女会感到恐惧或为难，但这在西方文化中被认为是自然和健康的事情。

庄子用一个"陆地上的鱼"的形象来批评这种态度。"泉水干了，鱼儿相互依偎在陆地上，互相嘘吸湿气，用口沫互相湿润，倒不如在江湖里彼此相忘。"庄子将近亲关系与陆地上的那些鱼儿做了一个比喻——他们为了生存，不顾一切地尝试，憋着气相互吐沫，但根本没有想过进入江湖的可能性，更没有想过在江湖中相互忘记。在一起是温暖的、湿润的；更大的格局被遗忘了，或者它们从来就不知道有更大的格局。而那些成功脱离相濡以沫的小洼地的人，将永远被内疚和悲伤所笼罩，永远怀念那些"相濡以沫"的日子。与仁相称的唯一的喜悦就是自我毁灭的喜悦。

人们不禁要问，在这种情况下，与自我保护的自然本能相背的我们在多大程度上有可能感到喜悦？这就是为什么庄子呼吁通过"祸乱"来扰乱仁义：二十四孝的故事提出的"秩序"充满了人类的苦难，而没有触及比自己和自己的直系亲属更伟大的东西。这个秩序只不过是远离水的、快要干死的鱼的秩序；他们采取有秩序的行为的唯一原因是他们半死不活，所以没有力量离开和反叛，他们只能在这种勉强活着的状态下相互维持。慢慢地，他们忘记了还有其他可能性。他们对彼此是仁慈的吗？

再次提醒一下：在孔子看来，继孝之后的第二个基础性的价值是仁，即表达对他人的关照；第三个是礼。所有这三种价值都是为了维持秩序，维护人与人之间的关系，确保他们重复同样的行动以导致同样的结果。庄子在开头那个故事中问道："何必如此喧哗，好像是敲着鼓去寻找迷失的孩子呢？"一个人想要通过制造噪音来寻找自己的孩子，而不是忘记那些不必要的努力和动作，关注已经存在的东西，或者寻找其他的方法。"白鹤不必天天洗才白，乌鸦不必天天染才黑"，不需要对白鹤或乌鸦做什么，它们如其所是。但在《二十四孝》的每个故事中，收获来自辛苦的付出、汗水和眼泪。仁在那里并非既定的，不是快乐的，也不是现成的；在事物和事件的状态中，这种仁与超验的、无所不包的仁相对立，它是经验主义和还原主义的。处于干涸洼地的鱼儿看不到湖泊和河流的仁慈，敲着鼓寻找走失孩子的人看不到黑与白的仁慈，被糠屑蒙住眼睛的人看不到天地易位的仁慈。

在现代中国社会中，我们也可以发现对孝的批评。心理学家进行的不同研究表明，对父母或祖先的强烈敬畏与一系列的认知和心理障碍有关。虽然孝有助于保持家庭关系和纽带，并确实有助于建立秩序，但它会导致对过去的强烈眷恋，而且会维持同样僵化的心理结构和传统。因此，这就导致对变化的抵制和强烈的教条主义，这被一些人称为"认知道德主义"：渴望保留代表着"善"的现存的知识结构。具有认知道德主义倾向的人将不愿意质疑已有的观念，不愿意从更全面的角度看问题，他们在熟悉的环境中会感到更舒服，在家庭之外会感到尴尬或担心。第二个常见的问题与情商有关：孝顺会让人压抑对父母的负面想法，不允许人对家庭中的等级秩序提出异议，即使面对父母的独断和无礼，对他们产生了恼怒或内疚感，也不允许对这种感受进行反思。这意味着，如果一个孩子与传统有不符之处，他将不得不压制自己的观点和感受，这就会导致心理问题。第三个问题是缺乏批判性思维和创造力。大多数在孝顺的环境中长大的人表现出缺乏积极主动和创造性的学习能力，他们大多为了满足父母而以取得高分为导向，但他们自己并不理解为什么要这样，也没有这样做的内在动机。因此，当遇到新的情况时，他们就不太会调动起理性和分析能力来进行研究，这种缺陷的后果也会出现在他们的个人、社会和职业生活中。

## 深入和延展的问题

**理解性问题**

1. 为什么孔子沉默了三天？
2. 孔子在思考时会遇到困难吗？
3. 为什么孔子把老子比作龙？
4. 老子是如何看待仁义的？
5. 老子有取笑孔子吗？

6. 孔子理解老子的思想吗？

7. 孔子和老子之间有什么区别？

8. 为什么"没有什么比仁义更能祸乱人心的了"？

9. 老子给孔子的主要启示是什么？

10. 为什么"相濡以沫，不若相忘于江湖"？

**反思性问题**

1. 仁是否可能成为思维的障碍？

2. 家庭是囚牢吗？

3. 世界是简单的吗？

4. 什么是嘲笑道德的道德？

5. 为什么人类容易将事情复杂化？

6. 为什么人们宁愿选择令人窒息的亲密而不是有自由的距离？

7. 生命是仁慈的吗？

8. 我们是不是容易产生无谓的担心？

9. 我们为什么要抵制事物的秩序？

10. 人会在混乱中寻求安慰吗？

## 第六章

# 口中有珠

儒以《诗》《礼》发冢,大儒胪传曰:"东方作矣,事之何若?"

小儒曰:"未解裙襦,口中有珠。"

"《诗》固有之曰:'青青之麦,生于陵陂。生不布施,死何含珠为!'接其鬓,压其𩒋,儒以金椎控其颐,徐别其颊,无伤口中珠。"

——《庄子·外物》

【译文】

儒生引用《诗》《礼》词句去盗墓,大儒向其手下传话说:"太阳将要出来了,事情进展得怎么样了?"

小儒说:"下裳和短衣还没有解开,死尸口中还有珍珠。"

大儒说:"《诗经》中就有这样的诗句:'绿油油的麦苗,生长在陵坡上。活着不施舍财物,死后含着珠子干什么!'你揪住死人的鬓发,按住他的胡须,用铁锥敲他的下巴,慢慢地分开两腮,可不要损坏了口中的珍珠。"

故事内容

1. 死者和生者（The dead and the living）

2. 仪式（Rituals）

3. 伪善（Hypocrisy）

4. 道德（Morality）

5. 问题（Questions）

## 1. 死者和生者

在中国文化中，死者和生者之间保持着密切的动态关系。这种纽带最明显的表现方式就是对祖先的祭拜仪式。中国人的祖先崇拜或遵奉，又称中国宗法性信仰，是中国传统宗教的一个重要方面。它围绕着为被奉若神明的祖先和氏族的守护神所举行的仪式庆典，在宗祠中组织成宗族社会。祖先以及他们的亡灵、魂魄或神明，被认为是"这个世界"的一部分。他们既不因置身自然之外而成为超自然的，也不因在自然之上而变得超常。祖先是神话了的凡人，同时也保持着他们的个体身份和血缘关系。因此，中国的宗教建立在祖先崇拜的基础之上。祖先被认为与至高无上的力量，比如上天相连，因为他们被当作是上天创造性秩序的化身或重现。因此，儒家哲学坚持尊崇祖先的原则，重视孝道。这种传统的宗法性宗教深刻地影响了中国人的心理。

抛开仪式感、道德和神圣的含义，这种崇拜的一个关键面向是它具有非常实际的作用：人们死后，亡灵居住在另一个世界，他们会在那里庇佑子孙后代。因此家人恰如其分地哀悼死者，祈祷死者的灵魂得到安息，而作为回报死者也会为在世的人做些事情。所以传统上，安葬意味着在死者身旁摆放与家庭财富相匹配的众多随葬品。为此人们不遗余力。富人可能会埋葬黄金、青铜或陶器，穷人则会埋葬陶土制品或铜器。人们认为随葬品质量越高，亡者在另一个世界就生活得越好。

因此，就像本故事中所描述的，让宝物陪伴死者的来生，将财富埋葬在死者的坟墓里，这种情况就滋生了盗墓的现象。盗墓行为在中国历史上经常发生。盗墓有不同的动机，并不总是因为财富的诱惑。比如，人们希望给死去的亲属寻找来世的伴侣，他们相信即便是死去的人也需要陪伴。为了让亡者幸福，他们会为了寻找女尸而挖掘坟墓，然后将女尸摆放在死去的男性亲属旁边。当然，中国社会现在已经很少有这类盗墓的情况了。现在盗墓的窃贼大多是为了贩卖文物。

如同我们在本故事中所看到的，虽然我们可以像庄子所暗示的那样，认为这个事件的实质层面是贪婪，仪式只作为保持"良知"的道德外衣，但逝者的象征内涵与实际考量紧密交织，很难区分。

## 2. 仪式

仪式通常是指一系列包括言行和器物在内的活动，这种活动往往在指定地点举行，并依照规定顺序完成。这些规定一般源自宗教或世俗社会群体的传统，或是由权威机构、团体、个人所制定。尽管这些仪式具有一些"超凡"的功能，例如超度、教育、合一和转化，但它们很大程度上还是由形式主义、传统主义、不变性、规则统治、神圣的象征意义和表演性来定义的。它们经由古老的习俗被合理化为一种启示，一个理性的过程或一种心理的需求。仪式可以被赋予浓厚的精神色彩，比如教堂的仪式，也可以是非常平庸而世俗的，比如握手和日常问候（早上好）或表达感谢（谢谢你）。在外来者眼中，仪式通常显得不合理、不连贯、不合逻辑，或者带有迷信色彩。而身在其中的人往往并没有深刻理解仪式的本质：最常见的特征就是其自我强化的本质。它甚至可以被描述为病态的，如同我们在心理学中所见，仪式一词在技术层面上，是指一个人为了缓解或防止焦虑而系统性进行的一种不断重复的行为；它是偏执或强迫行为的症状，被认定为精神障碍。

"仪式（ritual）"一词本身来源于拉丁语的 ritualis，即"与仪式相关的"。在罗马的司法和宗教运用中，它表明"行之有效的做事方法"和"正确的表现"，是已经形成并被认可的"惯例"。它的梵语起源是 ṛtá，即"看得见的秩序"："合法的、正常的秩序，因而是恰当的、自然的，是宇宙、尘世间、人性和仪式活动的真实的结构。"当我们强调它的梵语含义时，这个词具有强烈的社会内涵，以及宇宙和形而上学的内涵。换句话说，仪式是神圣或物质的基本原则——即那些定义了现实与恒定的基本秩序的至高无上的原则——的模拟和复制品。这一地位解释了仪式神圣而不可触及的层面。所有的姿势和语言，固定用语的诵读，特定的音乐、歌曲和舞蹈表演，游行，使用某些器物，穿着特殊服装，食用特定的食物、饮品、药物或其他东西，这一切构成仪式的元素都是为了再现或唤醒基本的普遍秩序。这正是我们在中国文化中所发现的，作为一项根本原则，所有仪式的核心就是"道"，即"万物运行的方式"。

尽管大量的仪式与社会秩序相关,例如祭拜祖先,但它仍是从同一原则衍生而来。

仪式通常使用一系列经过严格安排的表达方式,在语调、句式、用词、音量和固定的顺序上都受到限定。在采用这种强制性的方式时,对于仪式用语来说更重要的是方式而非内容。由于没有真正明确的内容,便没有为论证和提问留下空间。而这种正式的表达限制了可以说什么以及如何说,因此造成了用僵化的方式处理公开质疑的情况。所以革新是不可能的,公然摒弃和彻底革命成了唯一可行的选择。因为仪式通常支持传统的社会等级制度和权威形式,质疑这些假设就意味着挑战权威。由于仪式通常会迎合某一类传统,它们往往对准确地重复历史先例比较注重。表现形式极为严谨的另一个原因是对过往的尊重。当然仪式的形式会有不同,例如一个既定的教堂仪式和圣诞晚餐之间的差异,后者在程序上肯定宽松了许多。尽管有时仪式假装与某个非常古老的、上千年的传统扯上关系,但仪式中所"再现的"却有可能是某个时期依照某个被神话的特殊事件而发明出来的,为的是让这个特定仪式正统化和神圣化。

为了履行其职责，无论是宗教的、社会的、家庭或个人属性的，仪式都需要某种固定的模式，如同舞蹈编排。它需要追求语言和姿势的永恒重复。一种思想和身体的自律，比如斋戒或冥想，会为整个过程增添力量，因为它的目的是塑造每位参与者的品格和情绪，特别是在集体练习中。从这个角度来说，规则的功能主要就是维持仪式的形式主义。那些规则推行约束个体行为的规范，限制人的天性，或把规则强加于人：为了能取得某些重要性，它们必须要展示出一些非自然的层面。从某种角度来说，规则越严苛、越复杂，它们也就越引人关注、越意义非凡。这种形式主义的一个重要方面是它统一了一个群体，让每个人都从自我中超脱。它意味着自我挣扎，为了更高级的原则而放弃个人的主观性。牺牲原则，也就是为了更高级的利益或收获而放弃眼前的个人私利，至关重要。因此，仪式作为一种义务本身就是神圣的，乐趣和功用都不是标准，但由于它具有审美和抚慰人心的一面，人们当然可以在仪式当中寻找到快乐和功用。但这不应该成为仪式的首要动机：它的义务层面如同道德中的义务一样至关重要，它的功劳不应该被质疑或争辩。

仪式有不同的目的。第一种是"通道"，它强调了从一个状态向另一个状态的转变：出生、成熟、婚姻、死亡、加入一个群体等，暗示着分离、转变与融和。它们可以是单纯的形式，一个愉快的盛宴，或与一些困难甚至是磨难相关，就像在一些原始文化中的成人礼。第二种是历法和纪念活动，即根据自然或历史事件来标记特殊的时期。它们通过与时间、自然、神话或重大事件的关系将一个社会群体的人们连接起来。第三种是祈福活动，这意味着牺牲、献祭或典礼，通过赞美、取悦或安抚，与神圣的或具有神性的实体建立关系，以此来颂扬它们，并请求原谅、庇佑、物质或精神上的救赎，或从它们那里得到某种形式的赏赐。第四种是苦难仪式，目的是想要安抚人们在不幸中遭受苦难的灵魂。这包括为了发现问题的根源而进行的精神占卜和祈求神谕，也包括具有疗愈、净化、驱邪和保护作用的仪式。人们遭遇的不幸可能是个人的，也可能是更广泛的灾难，例如干旱或瘟疫。由牧师或萨满举行的仪式会将社会或个人的失衡作为原因,然后将适当的行为或重建健康的关系作为疗愈手段。第五种是宴席或斋戒仪式,例如嘉年华、特殊饮食以及四月斋节。在这些场景中,一个社会群体公开表达对基本的、共同的宗教价值的遵循。它往往采取"文化表演"或"社会戏剧"的形式表达特有文化固有的社会压力,并通过仪式的宣泄作用象征性地解决这个问题。它通常将人们团结起来,以此来释放社会压力。最后一种是政治仪式,用于一个政权结构的建立或维护。它们审美功用的目的是催生拥护和热情,并将所赋予的权力根植于某种至高无上的、神圣的或宇宙的秩序中,如保卫祖国或某些神圣的权力。但更简单地说,它很容易让每个人想到政治架构的重要性和威严。

这里有一些中国传统仪式的例子。对天体的崇拜——太阳、月亮、星星,还有地球,实际上还是政治活动:例如对皇帝的崇拜,皇帝被认为是宇宙创造者上天在地球的化身;例如对地母娘娘的崇拜,她赐予人类祝福。从中国的原始时期开始这种仪式就和人类的牺牲联系在一起,孔子正是因为这个原因对其进行了严厉的批评。那些仪式包括对山川、河流、土地神、谷神等主体的崇拜。祖先崇拜的习俗通过家族的血统体现了现在与过去的紧密连接。人们建立宗祠，为死去的家人在前往下一个世界的旅途中提供庇护之所。二者之间建立起纽带：活着的人为死者的来生提供帮助，而死者作为交换则保佑生者。人们崇敬古代圣贤，例如周国的国君周公他在遥远的古代就以仁爱著称。还有祭孔典礼，即祭拜"至圣先师"孔子的仪式，它是吉礼，周朝五礼之一，目的是与天神建立连接。周朝的另外几个仪礼分别是宾礼、军礼、嘉礼和凶礼。

其他的则是更为日常化的仪式，主要是管理关系的社会仪式，特别是严格建立的等级关系。例如，当下属正式拜访上级时，他必须鞠躬行礼。当两位官员相遇时，他们二人同时鞠躬，抱拳示意。级别低者站在级别高者的西面，先行礼，然后上级再行礼作答。当平民见面时，他们根据年龄行礼，年轻的一方先行礼。当一个人要出远门的时候，临行之前要鞠躬四次。如果是短期离开，这个人只需要抱拳鞠躬一次。另一个仪式和孩子的出生与成长有关。从女性尚未怀孕时的求子祈福到孩子年满周岁之时，会有很多围绕着长命百岁这个主题的仪式。例如三朝礼，孩子会收到各种各样的贺礼，特别是表达对健康和富裕生活祝福的见面礼。或者满月礼，小孩子会在这一天剃头。成人仪式，也称冠礼，是为年轻人戴上帽子，这是一种青春期仪式，男女青年在成熟时都会参加，在母系社会尤为盛行。仪式还有可能涉及拔牙，为牙齿染色，穿特殊的服装，或者把头发挽成发髻。还有筵席礼制，会为宾客准备三道荤菜。虽然广泛流传的举办宴会的习俗起到了加强公共饮食文化中节日氛围的作用，但重点在于礼尚往来，而不是用餐。宴会上的座席安排，上菜的顺序以及敬酒的礼仪都取决于复杂的宴会仪式中的性别、辈分和年龄。在筵席仪式中，人们祈福并且谨慎地避免禁忌。有一种非常盛行的仪式，和"纸钱"有关。"纸钱"也叫作"鬼钱"或者"冥币"，它们是一张张的纸，在特殊的节日为祭奠死者而作为祭品烧掉，以确保死者在来世能拥有许多美好的事物并过上富足的生活。阴司纸是来世的官方货币，用来贿赂地狱的阎罗王，减少死者在地狱的停留时间或免受折磨。祭祖基于一个信念，那就是亡灵会继续生活在自然界中并拥有影响活着的人的财富和命运的力量。亡者持续的幸福会令他们对生者保持积极的态度，因而会提供特殊的照顾和帮助。

总的来说，人们可以把仪式视为一种统一社会、通过具有象征意义的行为为个体赋予某种意义或崇高目标的重要方式，或者单纯地构建另一种沟通方式，这种沟通方式因不依赖于个体的特质而更具有普遍性。但仪式也会由于不同的原因而遭受批评。第一，恰恰因为它否定个体主观性，压制个体表达，个人的欲望和期待被抑制，伴随着因此而产生的沮丧。第二，由于它消灭了理性——这些仪式的根基要么是纯粹武断的，要么是基于某种启示的，因此任何推理或讨论其内容和依据的努力都被认为是无关的，无礼的，甚至是一种亵渎。第三，它否定自主权和自由意志的行使，为负责这些仪式的权力机构或任何发起这些仪式并想强制执行的人赋予了不容置疑的权力。第四，因为它们维护相对传统、保守甚至落后的文化环境，例如通过鼓吹神通和迷信来反对任何更为开明的观点，通过要求每个人的行为变得固化来阻止社会和个人的进步。孔子和他的追随者强调那些仪式的重要性，尽管他们也会对一些仪式进行批评和改革，特别是当这些仪式看上去比较野蛮的时候，比如需要以人作为牺牲品时。他们在仪式中看到了维护社会统一和秩序的重要因素。而另一方面，庄子和一些其他的哲学家则对此颇为怀疑，甚或是批判的。在这些批评者看来，良好社会构成的决定因素并非仪式本身，而是个人的发展以及得"道"的能力。正是这些更为基础的能力本身为我们能够交流并和谐共存提供了根本性的解释，而非在礼仪规范的特定体系中对这些能力的展现。从某种角度来说，仪式是有用的，但与传统文化和儒家思想所允许的相比，符合规范的仪式应当不那么僵化，不那么面面俱到，不那么严苛，而应当更具有自发性。

## 3. 伪善

"口中有珠"的故事向读者展示了一个关于道德的有趣问题，这在人类行为中相当普遍。故事描述了一个正直与贪婪的奇怪组合，又或者是道德与不道德的组合。这一现象可以被称为道德的伪善，即声称或展示出道德标准，然而个人的行为并不遵照这个道德标准的做法。很显然，盗墓者首先谋求的是一个简单的欲望，去偷一些不属于自己的东西，但他们偷东西的方式、他们所采用的形式主义似乎为他们的行为赋予了某种程度的道德感。让我们来检验一下那些形式主义是什么，以及它们是如何运作的。首先，文本用一种嘲讽的方式告诉我们这些儒生们引用《诗》《礼》词句去盗墓。当然这种构想并不存在，这是庄子发明的一个讽刺，因为《诗》《礼》这种伟大经典风格的著作只应该与道德行为相关，而盗墓却是相当可耻的行为。但作者很快就提醒我们，在遵循传统的掩护下，通过遵守道德和礼仪的义务，人们很容易实施不法行为。按照这个思路，道德和仪式就是一种相对低级的原则，很容易略过例如仁慈、德或道这些高级原则。因此在一些正式权威如孔子的著作或其他传统作品的伪装下，人们可以追求和满足自己的原始欲望，自己的自私与贪婪。这个矛盾当然也在其他文化矩阵中存在，我们在后面还会提到。为了能掩盖行动的真实性并为大众所接受，需要做的就是披上一件道德外衣，一种符合既定行为规范的形式。总体来说，某种社会公约被建立起来，它是一项共识，禁止任何批判性思维，以便不扰乱每个人不可告人的小计划。庄子通过大量描述而不断尝试去解构的，正是这种形式上的繁文缛礼。

被称为"大儒"的头目所言很能说明这个问题。他肯定是行为标兵方面的专家，因此理应比那些干着"脏活"的下属们更有知识、更讲道德。这样一位崇高的人不应当脏了自己的双手，他只需要给出指令，这是一个反映人物虚伪性的重要标志。根据故事讲述的方式来看，他很可能站在墓穴之外，不参与实际行动，并保持着一定的距离。在此我们需要提醒读者的是，庄子很重视行动和实践活动，他反对形式上的知识，认为它们是虚假的、空洞的。为了强调这个"有学识的"人的虚伪，为了向读者展示他的欺骗行为，庄子写出此人对白昼的恐惧。他更喜欢黑暗，在黑暗中他可以秘密地完成他罪恶的勾当，没有人能看到，也避免了真相和羞耻。就像他所表达的，他害怕"光"，光会揭示他行动的真相。他希望知道犯罪行径是否已经完成，他用一种庄重的和中立的方式把这个不法行为谨慎地说成"事情"。

小儒，也就是盗墓的真正肇事者，他的回答更加展现了虚伪性。他说话的样子就好像他的所作所为遵循了一个既定的仪式程序，在解下衣裳时必须默念一些看似神圣的话。我们需要提醒读者，之前提到的《诗》是用来配合一些固定仪式的经典诗词，为所采取的行动赋予一定仪式和神圣层面的内涵。"青青之麦，生于陵陂"听起来确实很有诗意。接下来的诗句听起来具有一种道德感，因为它宣称死者生前不是一个慷慨的人，他缺乏仁慈，他从不施舍，所以他不配在死后拥有一颗珍珠。因此盗墓行为似乎成为对不道德行为的一种公正报应。这完全是一个武断的指控，为了使盗取珍珠的行为变得合理化。我们在这里需要提醒大家，珍珠是珍贵的物品，在传统中代表着财富和权力，它恰到好处地抓住了驱动故事中人物的那份贪婪以及他们真实的动机。

最后这句关于取出珍珠的文字——"慢慢地分开两腮"，似乎这一举动是源于一种十分温柔而细腻的呵护，直到我们发现这个温柔的行为是为了"不要损坏珍珠"，以免让珍珠变得不那么值钱。在这种情况下，被质疑的不是道德而是仁慈，尽管道德，或者说正义，与仁慈是两个在中国文化中常常同时出现的概念。广义来讲，"仁"指的是向他人展示仁慈或善意，并诚心诚意地这样做。"义"指的是道德上正确或恰当的。早期的中国文献通常把这两个核心价值组成一个词组："仁义"。它们在更广泛的角度上可以与我们所说的"道德"结合在一起。

正如我们在更普遍的背景下和日常生活中所观察到的，在这个故事中，仁，即行善的意愿和怀有良好意图的事实，被转化为或表现成更为恶意的、算计的和贪婪的诡计。在这种情况下，作为一位对人类思维、言论和动机的敏锐观察者，庄子发现人们很容易浑水摸鱼，尤其是当我们假装充满善意、出发点良好的时候。描述那个人在分开两腮时的动作本身是温柔的，因此看上去非常友善。但他的动机其实是卑鄙和粗俗的。这让我们想起了礼貌，一个人表现得彬彬有礼，可以被认为是尊重和友善的举止，但实际上在需要回避一场真正的讨论或不得不说的真相时，却非常实用。事实上，当某人对我们非常友好时，我们开始起疑心，我们认为此人过于友好不可能是真实的，过分"友善"

十分可疑。我们可以做出这样的假设，没有人的友好是无目的的，即便只是为了被感激、被喜欢、被高度评价。让我们在这里提醒读者，在庄子看来，我们应当遵循的是道，而不是更为低级的仁或义。其主要原因是，与道相反，仁与义是有人情味的，因而会掺杂许多意图，无论有没有被觉察到。所以仁与义必然会导致虚伪，因为它们是更为低层次的行动理由。

道家声称，当孔子出现的时候，他寻找是非，试图建立是非，而事实上也引起了麻烦。他扰乱了一个原本自然和谐的社会，导致了贪婪和欲望。当"道"开始失传的时候，孔子开始谈论人性、正义和孝道。这些品质在更早的年代无须讨论就一直被人们践行着，但现在它们失传了，人们又开始谈论它们，并试图通过语言、言论和教条来建立呆板的原则。

对儒家的主要批判是他们坚信存在可定义的是非。对道家而言，是非仅仅是观点问题，品味问题。因此公认的道德在本质上是虚伪的。和我们其他人一样，儒家实际上利用他们的自大并试图强加他们的意志，这一批判与尼采对道德的谴责很相像，他谴责道德成为将权力强加于大多数人的工具。儒家教导一些人为的非自然的行为，比如仪式和道德的教育，因为他们坚信他们知道自己在做什么并且每个人都应当追随他们。他们的权威是完全不正当的，也是随意的。在本故事中，窃贼们引用古代作品来使自己和自己的行动合理化，直到他们把所有的财宝都从棺材里偷走。这个故事的要点是，仪式这个概念和行为得当这个想法可以被没有良知的人利用，使各种不良行为合法化。儒家思想的理论之一是人类是社会动物，会自然而然地趋向文明的建造。但道家认为，我们拥有过许多文明和政治秩序，例如王权、神权、专制和民主，但它们最终都失败了。这是因为文明无法成功。它是人为的，非自然的。任何背离道的事物势必会消失。文明无法被先验地决定。因此儒家与以下两个重要原则背道而驰：是非没有绝对的标准，文明无法被修正，它从定义上就注定失败。

## 4. 道德

如果庄子批判道德背后的虚伪，或对道德的利用，那么他也批判道德本身，因为它是低层次的有限的原则，阻碍人们接触更为基本的原则，尤其是道。在另一个故事中，有一段关于意而子和许由之间的对话，是反对道德最为严厉的段落。意而子是儒家和墨家都推崇的古代圣王尧的学生，许由是道家的思想家。意而子说："尧教导我说'你一定要亲自实行仁义并且明辨是非'。"许由粗暴地回应他："你为什么还到这儿来呢？尧既然用仁义为你施了墨刑，用是非为你施了劓刑，你将怎样遨游于逍遥自适的变化境界呢？……盲人无法欣赏眉目姣好的容貌，瞎子无法欣赏礼服上色彩斑斓的绣纹。"因此，作为庄子的代言人，许由认为与一个被道德所迷惑的人对话是无用的。他用来描述对话者状态的文字相当重要，我们应当仔细地检验一下。他把意而子描述为一个罪犯，一个非常坏的人，因为他指责意而子和他的同类遭受了对重刑犯所施加的酷刑：他们的脸上被刺上罪行，他们的鼻子被割掉，作为一种留在身体上的永久的、耻辱的、醒目而痛苦的烙印。因此，无论道德是多么基本的常识，它都不仅仅是一种错误，一种欠缺或薄弱的、不充分的思考，道德更让我们变成残疾，让我们失去尊严，甚至受到屈辱。"是非分明"的想法不仅仅是虚幻的，而且是骇人听闻的。

许由进一步解释说："你将怎样遨游于逍遥自适的变化境界呢？"换句话说，当你离开固定的小世界时，当你面对无边无际的现实时，你会感到迷失，你会失去明确的目标，你会不知所措。这看上去可能相当奇怪，因为意而子说的恰恰就是正义能够"明辨是非"，我们怎么可能从判断的这种明晰性中滋生出人们会迷失在生活中的想法呢？从逻辑推理来看，应该正好是相反的情况。因为如果一个人知道如何清楚地判断，他就应当能够充分地决定行动方向。可以这样解释：道德原则的形成基于特定背景，通常是在一个特定的社会环境中，在这里规则被确立下来，同时为了能够被认可并融入集体中，人们被要求以某种方式行事。一个典型的例子就是当某人被抛入一个文化中，而这里的文化准则和他所熟悉的截然不同时，此人将会产生疏离感。于是我们需要重新考虑在新范式下对人的理解，并相应地调整我们的行为。所以，那些有着"清晰想法"的人，有着僵化而明确的思想和行动模式的人，必将感到疏离和迷失。

我们可以举一个简单的例子。一位习惯了严格按照交通信号灯管理道路交通这一规则行驶的司机，突然被困在一个没安装信号灯或没人遵守信号灯的城市。他惊慌失措，忘记如何在当下作出判断。他对于其他司机的行为无法进行合理判断，而这是为了做出适当反应的必要评估。另一个不同性质的例子是，在其所生长的文化中，一个人说出的话都是相当神圣的，人们应当在道德上坚守自己的约定。这个文化中的某个人搬到另一个文化中，那里的人可以随意转变观点，狡猾是人们所尊崇的原则。由于各种各样比如心理的、道德的或现实的原因，，他无法忍受这样一个"善变"或"无法预测"的环境。人际关系让他感到不适甚至痛苦。他可能容易变得愤愤不平，而这种愤愤不平令他的对话者感到尴尬甚至震惊。和上一个例子相同，此人也会不知所措，因为他无法理解这个环境。

在表达对笨拙无能或不合时宜的行为的否定时，道家著作通常会使用一些特定的词汇，特别是"道德"，再比如他们把这些行为贬低为"困惑的""笨拙的"或者"盲目的"。换句话说,"道德明晰"从定义上说就是"混乱"。这意味着关键点不是去修正道德,不是去改进道德原则,不是用一个道德替换另一个道德,而是将道德本身作为彻底不充足的思想行为方式抛弃掉。因此,对道德的批评不是向内的,不是通过对"好与坏"的全新定义来重新定义道德标准,而是通过对"好与坏"真正的抛弃来进行的。这里给出的理由属于非常典型的道家体系,在这个体系中,世界比其他任何事情都要混乱,这里被混沌占据,混沌是万物之母。然后我们就可以理解那个问题了:"你将怎样遨游于逍遥自适的变化境界呢?"如果每件事情都会改变,如果事件是不可预知的,那么现成的原则都帮不上忙;相反,它们还会蒙蔽你的双眼,因为你无法感知世界的更替和变化。它还会使你麻痹,因为你被固定的方式所捆绑,没有准备好去应对一个不断变化的世界。同样的情况适用于仁慈。它也可以被认为是固定不变的原则。事实上,正如动物们在丛林中和人类在社会中所了解到的,会有"做好人"或"做好事"的时刻,但也会有对抗和冲突的时刻。仁慈还可以作为教条的、僵化的行为而被批判,它是先验的，不适合世界的现实。批判道德，这一立场具有双重性：通过认知尺度和实践条件去批判，这些准则应当取代道德标准。我们与其决定固定的行为模式，不如提高对变化的现实的认识，并为不同的新奇的行动方式做好准备。卓越的见识、生活的智慧，或者精湛的技艺应当替代道德。

我们不能因此而得出结论，认为庄子拒绝接受任何伦理的考量，就像我们不能说他对文字或理论的批判是在暗示我们放弃使用语言或否定获得知识的可能性一样。其实他批评的是人们对语言、一成不变的知识或原则所产生的依赖，以及因此而变得顽固僵化。这反而说明他试图描绘出一个用更为灵活的、相互关联的方式来定义的、具有更强可塑性的世界观。在他的道德批判背后是一种对认识论的批判。

## 深入和延展的问题

**理解性问题**

1. 对于故事中的儒生们来说，道德意味着什么？
2. 故事中的儒生对那个死者仁慈吗？
3. 《诗》中所说的是什么意思？

4. 为什么故事中的儒生要引用《诗》?

5. 为什么盗墓者会是儒生?

6. 这些盗墓者有什么奇怪之处?

7. 从这个故事中可以得出什么结论?

8. 口中的珍珠象征着什么?

9. 盗取珍珠如何成为正义之举?

10. 为什么《诗》说到谷物的生长?

反思性问题

1. 仪式的功能有哪些?

2. 道德准则仅仅是惯例吗?

3. 存在天生的正义吗?

4. 道德必然意味着虚伪吗?

5. 一个人应当配得上他所获得的一切吗?

6. 正义是武断的吗?

7. 我们做错误的事总是需要托词吗?

8. 道德会导致残酷的行为吗?

9. 一个人能为他人决定什么对他好、什么对他不好吗?

10. 为何贪婪喜欢隐藏起来?

# 中英对照词汇表

## 第一章　庖丁解牛

| | |
|---|---|
| 技术 | skill |
| 道 | Way |
| 道 | Dao |
| 道的视角 | Dao perspective |
| 心神 | spirit |
| 意图 | Intention |
| 习得性无知 | Learned ignorance |
| 主体 | subject |
| 客体 | object |
| 被动知识 | passive knowledge |
| 格式塔 | gestalt |
| 几何构造 | geometry |

| | |
|---|---|
| 魔力 | magic |
| 即时性 | instantaneity |
| 自发性 | spontaneity |
| 此时此地 | hic et nunc |
| 幻象 | phantasmatic |
| 小上帝 | little God |
| 无为 | wu wei |
| 主观性 | subjectivity |
| 法则 | Algorithm |
| 预先的假设 | a priori |
| 固定程序 | ritual |
| 知识的固定程序 | knowledge rituals |
| 知识的技术性 | technical nature of knowledge |
| 信息性 | "informational" nature |
| 技能性知识 | know how |

| | |
|---|---|
| 实践性知识 | practical knowledge |
| 辩证性方案 | dialectical plan |
| 概念性方案 | conceptual plan |
| 正题 | thesis |
| 肯定性论断 | affirmation |
| 反题 | antithesis |
| 反对性论断 | objection |
| 合题 | synthesis |
| 武术 | martial arts |
| 空手道 | karate |
| 卡塔 | kata |
| 技术性 | technical |
| 自动化 | automation |
| 现状 | status quo |
| 自明的可觉知实体 | self-evident perceptible entities |

| | |
|---|---|
| 去山化 | demountainizing |
| 多样性 | multiplicity |
| 经验证据 | empirical evidence |
| 顺应道 | in the Way |
| 宇宙之秩序 | order of the universe |
| 自然流动性 | natural flow |
| 还原主义／过分简化的 | reductionist |
| 枢轴式的转动 | pivot |
| 转换 | switch |
| 爱 | eros |
| 教育者 | pedagogue |
| 问题化 | problematization |
| 诀窍追求者 | recipe seekers |
| 习得的条件反射 | learned reflex |
| 零点 | point zero |
| 习得性无知 | Docta Ignorancia |

| | |
|---|---|
| 返璞归真 | Simplicity |
| 庄子 | Zhuangzi |
| 孔子 | Confucius |
| 苏格拉底 | Socrates |
| 库萨的尼古拉 | Nicolas of Cusa |

## 第二章 鱼之乐

| | |
|---|---|
| 相对主义 | relativism |
| 视角主义 | perspectivism |
| 莫若以明 | illumination of the obvious |
| 心智范式 | Intellectual paradigms |
| 投射 | projections |
| 社会建构主义 | Social constructivism |
| 后现代主义 | Postmodernism |
| 宏大叙事 | great narrations |
| 不变量 | invariants |
| 解构 | Deconstruction |

| | |
|---|---|
| 逻各斯 | Logos |
| 在场 | Presence |
| 逻各斯中心主义 | Logocentrism |
| 认知相对主义 | Cognitive relativism |
| 意识形态 | Ideology |
| 综合判断 | Synthetic judgement |
| 人类中心主义 | Anthropocentrism |
| 智者派 | Sophist |
| 诡辩法 | Eristics |
| 存在之大化 | The great mutation of beings |
| 独一性 | Singularity |
| 本体论 | Ontology |
| 单子 | Monads |
| 充足理由律 | Principle of sufficient reason |

| | |
|---|---|
| 《会饮篇》 | Symposium |
| 《巴门尼德篇》 | Parmenides |
| 埃利亚学派 | Elea |
| 外道 | Alternate "Dao" |
| 还原主义者 | Reductionist |
| 临时真理 | Provisional truth |
| 清楚而分明的感知 | Clear and distinct perception |
| "恶魔天才" | Evil genius |
| 唯名论解释 | Nominalist interpretation |
| 认识论视角 | Epistemological perspective |
| 个体 | Singular |
| 一体性 | Oneness |
| 存在 | Being |
| 普罗泰戈拉 | Protagoras |

| | |
|---|---|
| 马丁·海德格尔 | Martin Heidegger |
| 雅克·德里达 | Jacques Derrida |
| 康德 | Kant |
| 高尔吉亚 | Gorgias |
| 蒙田 | Montaigne |
| 莱布尼兹 | Leibniz |
| 帕斯卡 | Pascal |
| 奥尔特加·加塞特 | Ortega y Gasset |
| 德谟克利特 | Democritus |
| 笛卡尔 | Descartes |
| 洛克 | Locke |
| 芝诺 | Zeno |
| 维特根斯坦 | Wittgenstein |
| 纳斯鲁丁 | Nasreddin |

## 第三章　庄周梦蝶

| | |
|---|---|
| 身份 | identity |

| | |
|---|---|
| 嵌套 | Mise en abyme |
| 物化 | Transformation of things |
| 召唤 | Evocation |
| 大觉 | The great awakening |
| 完整性 | integrity |
| 异化 | alienation |
| 本体论的 | ontological |
| 与存在有关的 | existential |
| 同一性原则 | the principle of identity |
| 活在当下 | carpe diem |
| 纹章学 | heraldry |
| 递归 | recursive |
| 先验的自我 | transcendental self |
| 超验的自我 | transcendent self |
| 经验的自我 | empirical self |
| 拉丁文主格的自我 | "ipse" |

| | |
|---|---|
| 拉丁文宾格的自我 | "idem" |
| 混沌 | chaos |
| 天然秩序 | natural order |
| 极轴／道枢 | polar axis |
| 枢 | pivot |
| 虚空 | void |
| 描述性语言 | descriptive speech |
| 规范性语言 | prescriptive speech |
| 述行性语言 | perfomative speech |
| 召唤性语言 | evocation speech |
| 寓言 | dwelling words |
| 重言 | repeated words |
| 卮言 | goblet words |
| 耆艾 | antiquity |
| 能指 | signifier |
| 所指 | signified |

| | |
|---|---|
| 去主观化的 | de-subjectivization |
| 非实体化的 | de-substantialization |
| 天籁 | piping of heaven |
| 地籁 | piping of earth |
| 人籁 | piping of humans |
| 万物，一马也 | everything is a horse |
| 两行 | "walks two" |
| 逍遥游 | leisurely meandering |
| 幻境 | maya |
| 虚无 | vacuity |
| 隐喻 | metaphor |
| 规范性理想 | regulatory ideal |
| 人道 | human Dao |
| 事实上被禁止 | de facto banned |
| 认识论的 | epistemological |

| | |
|---|---|
| 《易经》 | the Book of Changes / Yijing |
| 《齐物论》 | On seeing thins as Equal |
| 布莱士·帕斯卡 | Blaise Pascal |
| 莎士比亚 | Shakespeare |
| 哈姆雷特 | Hamlet |
| 萨特 | Sartre |
| 弗洛伊德 | Freud |
| 保罗·利科 | Paul Ricoeur |
| 苏格拉底 | Socratic |
| 亚里士多德 | Aristotle |
| 克尔凯郭尔 | Kierkegaard |
| 赫拉克利特 | Heraclitus |
| 阿尔伯特·加缪 | Albert Camus |
| 奥德修斯 | Odysseus |
| 伊萨卡 | Ithaca |

| | |
|---|---|
| 西西弗斯 | Sisyphus |
| 埃德加·爱伦·坡 | Edgar Allan Poe |
| 黑格尔 | Hegel |
| 休谟 | Hume |

## 第四章 达生

| | |
|---|---|
| 意图 | intention |
| 主体性 | subjectivity |
| 中道 | the middle |
| 有限 | finitude |
| 本我 | id |
| 自我 | ego |
| 超我 | super-ego |
| 他律的 | heteronomous |
| 自主 | autonomy |
| 本体 | noumena |
| 唯心主义 | idealism |

| | |
|---|---|
| 主权 | sovereignty |
| 活力论 | vitalistic doctrines |
| "分析性"或"概念性"的语言 | an "analytic" or "conceptual" language |
| "唤起的"语言 | "evocative" language |
| 唤起 | evoke |
| 大觉 | great awakening |
| 小觉 | little awakening |
| 缘起 | dependent origination |
| 成心 | completed mind |
| 无有 | non-something |
| 视角主义 | perspectivism |
| 存在的弧度 | curvature of being |
| 自欺 | bad faith |
| 尼采 | Nietzsche |
| 弗洛姆 | Fromm |

| 马克思 | Marx |
| --- | --- |
| 柏拉图 | Plato |
| 斯宾诺莎 | Spinoza |
| 龙树菩萨 | Nagarjuna |
| 赫尔墨斯·特利斯墨吉斯忒斯 | Hermes Trismegistus |

## 第五章　相遇

| 专注 | focusing |
| --- | --- |
| 质朴 | simplicity |
| 高效 | efficiency |
| 孝顺 | filial piety |
| 非人 | not-man |
| 悬搁 | epoche |
| 异化 | alienation |
| 认知道德主义 | cognitive moralism |

## 第六章　口中有珠

| 恒定 | Invariance |
| --- | --- |

| | |
|---|---|
| 先验的 | a priori |
| 明晰性 | clarity |
| 认识论的 | epistemological |